John Coleman

LA DYNASTIE ROTHSCHILD

John Coleman

John Coleman est un auteur britannique et un ancien membre du Secret Intelligence Service. Coleman a produit diverses analyses concernant le Club de Rome, la Giorgio Cini Foundation, le Forbes Global 2000, le Interreligious Peace Colloquium, le Tavistock Institute, la noblesse noire ainsi que d'autres organisations qui se rapprochent de la thématique du Nouvel Ordre Mondial.

La dynastie Rothschild

The Rothschild Dynasty

Traduit de l'anglais et publié par Omnia Veritas Limited

© Omnia Veritas Ltd—2022

www.omnia-veritas.com

Tous droits réservés. Aucune partie de cette publication ne peut être reproduite par quelque moyen que ce soit sans la permission préalable de l'éditeur. Le code de la propriété intellectuelle interdit les copies ou reproductions destinées à une utilisation collective. Toute représentation ou reproduction intégrale ou partielle faite par quelque procédé que ce soit, sans le consentement de l'éditeur, de l'auteur ou de leurs ayant droit, est illicite et constitue une contrefaçon sanctionnée par les articles L-335-2 et suivants du Code de la propriété intellectuelle.

AVANT-PROPOS 13

CHAPITRE 1 19

COMMENT UN MARCHAND DE CHIFFONS EST DEVENU L'UN DES HOMMES LES PLUS RICHES DU MONDE 19

CHAPITRE 2 25

MAYER AMSCHEL ET CINQ DE SES FILS CONNAISSENT UNE BONNE FORTUNE 25

CHAPITRE 3 31

LES ROTHSCHILD FONT LEUR ENTRÉE DANS LA HAUTE SOCIÉTÉ EUROPÉENNE 31

CHAPITRE 4 35

LES MURS DE JÉRICHO [FRANCFORT] S'EFFONDRENT 35

CHAPITRE 5 39

LES ROTHSCHILD PILLENT LES CINQ GRANDES PUISSANCES 39

CHAPITRE 6 46

BENJAMIN DISRAELI : UN ESPION AU SERVICE DES ROTHSCHILD 46

CHAPITRE 7 53

TÉMOIGNAGES DES HORREURS DE LA RÉVOLUTION FRANÇAISE 53

CHAPITRE 8 61

BISMARCK RÉVÈLE LES « HAUTES SPHÈRES FINANCIÈRES QUI DOMINENT L'EUROPE » 61

CHAPITRE 9 67

UN ASPECT TRÈS NÉGLIGÉ DE L'ESCLAVAGE DES NÈGRES EN AMÉRIQUE 67

CHAPITRE 10 76

NATHAN ROTHSCHILD SOLDE LA DETTE FRANÇAISE 76

CHAPITRE 11 86

LA FRANCE SURVIT AUX ASSAUTS DES COMMUNISTES 86

CHAPITRE 12 96

SALOMON ROTHSCHILD MONTRE SA PUISSANCE FINANCIÈRE 96

CHAPITRE 13 111

LA SOCIÉTÉ DES NATIONS : UNE TENTATIVE D'ÉTABLIR UN GOUVERNEMENT MONDIAL UNIQUE 111

CHAPITRE 14 116

LE GOUVERNEMENT BRITANNIQUE TRAHIT LES ARABES ET LAWRENCE D'ARABIE. 116

CHAPITRE 15 123

UN DOUBLE DISCOURS SOURNOIS 123

CHAPITRE 16 132

LA "PERFIDE ALBION" EST À LA HAUTEUR DE SA RÉPUTATION 132

CHAPITRE 17 139

UN MANÈGE À TROIS DÉCIDE DU SORT DE LA PALESTINE 139

CHAPITRE 18 145

LES SIONISTES S'EMPARENT DE LA PALESTINE 145

CHAPITRE 19 150

LES ROTHSCHILD ÉTABLISSENT UNE BANQUE CENTRALE EN AMÉRIQUE 150

CHAPITRE 20 157

LA CONSTITUTION DES ETATS-UNIS PIÉTINÉE PAR DES LÉGISLATEURS CORROMPUS À LA SOLDE DES ROTHSCHILD 157

CHAPITRE 21 164

LES ROTHSCHILD CONTRECARRENT LA CONSTITUTION AMÉRICAINE 164

CHAPITRE 22 171

Les Rothschild brisent la maison des lords 171

CHAPITRE 23 180

Le substitut de Rothschild a financé l'attaque contre la Russie 180

CHAPITRE 24 187

Quelques opinions sur les Rothschild, leur rôle dans la guerre, la révolution et les intrigues financières 187

DÉJÀ PARUS 193

Le Dr John Coleman, auteur de *The Committee of 300*, raconte comment Mayer Amschel, le fondateur de la dynastie du "Bouclier rouge", a acquis sa première fortune. On est loin des mythes et légendes qui entourent encore l'homme qui a commencé comme marchand de chiffons et prêteur sur gages, travaillant dans une petite maison de la Judenstrasse, à Francfort-sur-le-Main, en Allemagne, où il vivait avec sa femme et sa famille.

Les événements historiques sont souvent causés par une "main cachée" qui tire les ficelles des rois, princes et potentats depuis les coulisses. Ce phénomène est expliqué et les légendes qui se sont développées autour des Rothschild sont analysées par ce livre qui révèle également comment les intrigues des Rothschild ont fait tomber des hommes comme Napoléon et le tsar Alexandre II de Russie.

La légende veut que le "génie et les compétences financières" de Mayer Amschel Rothschild aient été hérités par ses fils, mais la vérité est tout autre, comme l'explique très clairement le Dr Coleman dans ce récit bien documenté qui va bien au-delà des légendes les plus connues dissimulant le véritable caractère de la célèbre famille.

Il est fascinant de lire comment Mayer Amschel Rothschild a eu de la chance et les mesures qu'il a prises pour faire de sa famille les "dirigeants virtuels de toute l'Europe".

Ce livre exceptionnel ne traite pas seulement du passé, mais aussi du présent et de l'avenir. Il aidera à expliquer de nombreux événements qui laissent les gens ordinaires perplexes, comme la guerre en Irak et les menaces de guerre contre l'Iran.

JOHN COLEMAN

AVANT-PROPOS

La famille Rothschild, originellement composée du père et de ses cinq fils, est véritablement l'histoire d'une opportunité saisie, d'une volonté déterminée de réaliser des gains faramineux et de faire son entrée dans le monde aristocratique qui n'en voulait pas. Certains pourraient considérer comme une effronterie de parler de l'immense fortune qui est tombée entre les mains et sous le contrôle de Mayer Amschel Rothschild comme d'une "opportunité", tandis que d'autres considèrent qu'il s'agit ni plus ni moins d'un détournement des fonds confiés à ses soins, ce qui n'est guère une "opportunité" au sens généralement admis du terme.

Néanmoins, pour Mayer Amschel, il s'agit d'une aubaine qui lui permet de sortir d'une vie de prêt sur gage et de vente de biens d'occasion et d'accéder aux plus hautes sphères du pouvoir, une réussite remarquable si l'on considère l'histoire de l'époque, au cours de laquelle les Juifs étaient soumis à de nombreuses lois civiles conçues pour constituer une barrière permanente entre eux et les habitants des principautés et nations dans lesquelles ils vivaient. La distinction de classe constituait un autre obstacle de taille, qui aurait été décourageant même pour un non-juif qui ne faisait pas partie de l'aristocratie dirigeante.

La mobilité des classes n'existait pas et la séparation était dure et strictement appliquée, en particulier à Francfort-sur-le-Main, en Allemagne, où la dynastie Rothschild a commencé sa remarquable histoire. Mayer Amschel Rothschild n'a reçu que peu, voire pas du tout, d'éducation formelle ; sa famille n'avait pas de devise, mais ce qu'il avait, c'était la ténacité et une forte croyance en sa religion. Il était issu d'un foyer bourgeois, un foyer "étranger" dans le ghetto de Francfort.

Grâce à la débrouillardise et à ce que certains critiques peu amènes ont appelé "une ruse innée", Mayer Amschel Rothschild a pu pénétrer dans le monde capiteux des familles aristocratiques qui l'évitaient, voire le méprisaient. S'il n'avait pas eu la "chance" (ou la "malchance", selon le côté où l'on se place) de rencontrer le landgrave de Hesse, Mayer Amschel Rothschild serait resté un obscur prêteur sur gages et colporteur de chiffons pour le reste de sa vie. Il n'avait pas besoin de s'identifier en tant que juif, une ascendance dont il était fier, et Mayer Amschel n'a jamais tenté de cacher son origine. Au contraire, il en était fier, même face à l'opposition implacable pesant sur les Juifs de Francfort, qui s'étendait à toutes les nations d'Europe.

L'Angleterre, la plus "civilisée" des nations européennes comme l'histoire veut nous le faire croire, était particulièrement farouche dans son opposition aux Juifs. Même ses figures de proue, des hommes cultivés, n'hésitaient pas à se référer aux Juifs dans les termes les moins flatteurs.

Par exemple, Lord Gladstone faisait souvent référence à Disraeli, le "valet" des Rothschild, comme "ce juif détestable", selon le biographe de Gladstone, Edward Freeman. L'évêque Wilberforce a qualifié Disraeli de "juif oriental" de manière peu flatteuse.

Bismarck l'appelait "le prestidigitateur hébreu" et Carlyle le qualifiait de "petit juif absurde".

Je mentionne ces éléments à titre d'exemples pour montrer les difficultés considérables auxquelles étaient confrontés les Juifs, même les plus instruits d'entre eux, qui aspiraient au pouvoir dans le monde des affaires et de la finance aux XVIIIe et XIXe siècles. Certains historiens et écrivains affirment que les Rothschild ont inventé leur histoire et leurs réalisations pour accéder au pouvoir. Leur présence irrésistible a fait une grande différence dans l'histoire et l'on peut affirmer à juste titre qu'aucun événement majeur de la vie politique et économique des nations européennes n'a pas impliqué, d'une manière ou d'une autre, les Rothschild, même si cela a été profondément dissimulé.

Dans l'esprit de beaucoup, les Rothschild seront toujours associés à une immense richesse, mais c'est le pouvoir, apporté par cette richesse, qui n'est pas aussi bien reconnu qu'il devrait l'être. En effet, les Rothschild n'ont pas cherché à acquérir une immense fortune uniquement pour pouvoir mener une vie aisée. Ils ont recherché la richesse pour ce qu'elle leur apporterait en termes de contrôle des principales forces politiques de toutes les nations, par le biais desquelles ils exerçaient un contrôle sur ces mêmes nations, qui s'étend jusqu'à aujourd'hui. Les Rothschild ne vivaient pas en vase clos ; au contraire, ils influençaient des millions de vies. Lionel Rothschild aimait se considérer comme unique, et c'est peut-être vrai. Il est vrai que, comme ses frères, il était exceptionnellement riche, mais sa richesse n'a jamais été rendue publique. Une chose est fausse : les Rothschild n'ont pas fait fortune grâce à l'inflation de la monnaie des nations parmi lesquelles ils vivaient. Il n'y a pas de véritables repères pour nous guider dans le véritable caractère des membres de la famille Rothschild et ce qui les a poussés à une obsession de l'argent et à un appétit insatiable pour le pouvoir.

La plupart du temps, nous devons deviner ce qui se passait dans l'esprit de cette puissante famille qui était déterminée à devenir les souverains cachés de l'Europe et de la Grande-Bretagne, voire du monde. Ce n'est pas qu'ils aient été aidés par une belle apparence ou une manière agréable de parler, attributs naturels de la race irlandaise. Au contraire, ils étaient, de l'avis général, d'une laideur de complexion et d'un comportement tout à fait grossiers. Meyer Amschel parlait en yiddish guttural de Francfort, un mélange de polonais et d'allemand avec des expressions tirées de la langue hébraïque.

L'éducation qu'il donnait à ses enfants ne dépassait pas l'école rudimentaire de la synagogue qu'ils fréquentaient. L'intellectualisme était de toute façon interdit aux Juifs de Francfort qui n'avaient pas le droit de participer au siècle des

Lumières qui balayait l'Europe.

Mayer Amschel est resté fidèle aux instructions du Talmud et a honoré toutes ses traditions, en demandant à ses enfants de faire de même. Il ne modifie en rien son style de vie une fois la gloire et la fortune acquises. Les vêtements que lui et ses fils portaient étaient souvent usés jusqu'à la corde.

Il existe des références très désobligeantes à ce fait dans de nombreux papiers et documents du British Museum, dont certains sont très désobligeants. Dans un récit, Cherep-Spiridovich prétend que Mayer Amschel ne changeait jamais de sous-vêtements et portait les mêmes vêtements "jusqu'à ce qu'ils tombent de lui". Des écrivains comme John Reeves, Demachy et Spiridovich concluent, selon les termes de ce dernier, qu'aux

> "phases politiques de cette sinistre et fatale famille pourraient être attribuées au moins la moitié de toutes les effusions de sang et calamités qui ont frappé les nations depuis 1770".

D'autres, comme le rédacteur en chef du *Chicago Tribune*, qui savait que quelque chose se passait, mais ne pouvait pas mettre de nom dessus, ont écrit le 22 juillet 1922 :

> Nos hommes d'État sont des enfants comparés aux leurs. Une place de premier plan dans les affaires mondiales nous est offerte à maintes reprises. On nous la jette à la figure, et par simple stupidité, nous la rejetons.

La question est : "L'avons-nous rejeté, ou une force cachée nous a-t-elle empêchés de prendre l'initiative ?" Nietzsche, le philosophe allemand dans son œuvre *L'Aurore* a écrit :

> L'un des spectacles auxquels le siècle prochain nous invitera à assister est la décision concernant le sort des Juifs. Il est évident qu'ils ont jeté leur dé et franchi le Rubicon ; il ne leur reste plus qu'à devenir les maîtres de l'Europe ou à perdre l'Europe, comme ils ont perdu l'Égypte, où ils étaient confrontés à des alternatives similaires... L'Europe peut un jour tomber dans leurs mains comme un fruit mûr, s'ils ne le saisissent pas trop vite.

Ceux qui ont fait des recherches sur Nietzsche disent qu'il faisait référence aux Rothschild, mais je n'ai pu trouver aucune preuve pour étayer cette affirmation, bien que cela semble correspondre au modèle de cette célèbre famille.

Nombre de leurs secrets sont restés totalement cachés et ne seront peut-être jamais révélés. La profondeur de ces secrets est révélée par les mots de l'homme d'État français, Lamartine :

> Nous voulons briser tous les jougs, mais il y en a un qui ne se voit pas et qui pèse sur nous. D'où vient-il ? Où est-il ? Personne ne le sait, ou du moins, personne ne le dit. L'association est secrète même pour nous, les vétérans des sociétés secrètes.

Le ministre français des Affaires étrangères, G. Hanotoux, écrivait en 1878 que cette main cachée était une

> "force mystérieuse qui régit la politique et brouille les cartes de la diplomatie".

Bon nombre de ces mystères ont été entièrement éclaircis par Disraeli dans son roman *Coningsby*, qui n'était qu'un compte rendu à peine voilé des agissements des Rothschild. Disraeli a dû déguiser de nombreux faits en fiction, de peur que la colère des hommes n'explose sur les révélations qu'il contenait. "Sidonia" était sans aucun doute Lionel Rothschild et *Coningsby* rien d'autre qu'un récit romancé de ses actes :

À dix-neuf ans, Sidonie, qui résidait alors chez son oncle à Naples, rendit une longue visite à une autre famille de son père à Francfort. Entre Paris et Naples, Sidonie passa deux ans. Il était impossible à pénétrer. Sa franchise était strictement limitée à la surface. Il observait tout, bien que trop prudent, mais évitait les discussions sérieuses. C'était un homme sans affection.

Karl Rothschild vivait à Naples, et Mayer Amschel vivait à Francfort, il n'est donc pas difficile de conclure que "Sidonia" était Lionel Rothschild, et ainsi, nous obtenons de *Coningsby*, l'un des meilleurs et des plus précis comptes rendus détaillés des Rothschild et de leur ascension vers le pouvoir absolu qu'ils détiennent aujourd'hui.

Note d'explication

Veuillez noter que les sources et les références sont mentionnées dans le texte. J'ai pensé que cela faciliterait les références et éviterait d'avoir à chercher dans une liste séparée de notes, avec une perte de continuité.

J'ai suivi la méthode et le style de plusieurs auteurs de l'époque victorienne qui trouvaient que c'était le meilleur moyen de poursuivre le récit sans avoir à s'arrêter pour consulter et trouver une source particulière. J'espère que vous aussi, vous trouverez cette méthode plus facile à suivre que la méthode traditionnelle.

Autre point important : je tiens à ce qu'il soit bien compris que cet ouvrage ne doit pas et ne peut pas être interprété comme "anti-juif" ou "antisémite". Il n'est ni l'un ni l'autre. Il s'agit plutôt du récit factuel d'une famille qui s'est avérée être juive, et qui ne l'a jamais caché. Écrire le contraire serait comme essayer d'écrire un récit sur le roi zoulou Chaka, sans dire que Chaka était un roi noir africain.

CHAPITRE 1

Comment un marchand de chiffons est devenu l'un des hommes les plus riches du monde

Il n'y a probablement aucun nom dans le monde bancaire international qui soit aussi connu que le nom de Rothschild, et pourtant on connaît si peu la véritable histoire de cette famille. Il y a beaucoup de légendes, de mythes et de contes fantaisistes, mais peu de choses sur le véritable caractère de cette famille, qui a changé le cours de l'histoire, qui a acheté et vendu des hommes d'État, des rois, des ducs et des évêques, comme s'il s'agissait de simples marchandises, à jeter comme des chaussures usées et de vieux vêtements lorsqu'ils ont fait leur temps. On dit que cette famille a provoqué des révolutions, des guerres et des bouleversements qui ont modifié à jamais le visage de l'Europe, de l'Extrême-Orient et des États-Unis. Le but de ce livre est d'explorer l'histoire des Rothschild et de comprendre quels sont leurs plans pour le monde. Les Rothschild sont juifs, un fait qu'ils n'ont jamais cherché à dissimuler ou à minimiser.

Tout au long de l'histoire, de l'Inde à Babylone en passant par la Palestine antique, les questions d'argent ont toujours été principalement l'affaire des Juifs. Sur les marchés monétaires de Francfort, Londres, New York et Hong Kong, le financier juif prédominait.

En 1917, ils sont répartis dans le monde entier. Sur les bourses de Londres, Paris et New York, les courtiers juifs sont l'épine dorsale de l'activité. Le mouvement des métaux précieux, des diamants et des devises dans le monde entier a toujours été sous le contrôle des Juifs. Nous citons ces faits comme des faits en soi et non pour en déduire quoi que ce soit de désobligeant. Les Juifs eux-mêmes l'admettent. Lorsque la Grande-Bretagne s'est préparée à faire la guerre à l'Allemagne en 1910, les financiers juifs internationaux étaient postés dans des endroits clés, — et à la tête du financement international dans le monde entier se trouvaient les Rothschild et leurs maisons bancaires associées. En France, c'était Rothschild, Fould, Camondo, Pereira et Bischoffheim ; en Allemagne, Rothschild, Warschauer, Mendelssohn, Bleichroder ; en Angleterre, Sassoon, Stern, Rothschild et Montague ; en Extrême-Orient, c'était Sassoon ; en Russie, c'était Gunzburg ; aux États-Unis, c'était J.P. Morgan, Kuhn Loeb et Cie, Seligman et Cie, Speyer et Cie, Warburg et Lazard Frères.

Par-dessus tout, la Maison Rothschild les éclipsait et leur faisait de l'ombre. Les détracteurs des Rothschild affirment que Morgan et Kuhn Loeb n'étaient que des façades pour les Rothschild, et que toutes les célèbres maisons bancaires étaient affiliées aux banques Rothschild.

Ces maisons bancaires ont traversé de nombreuses tempêtes grâce à leur approche prudente de la spéculation et à leurs liens étroits de fraternité et de parenté avec les Rothschild et entre eux. Le fondateur de la Maison Rothschild était Mayer Anselm Bauer (Rothschild), le fils d'Anselm Moses Bauer, un marchand de Francfort. Le père vendait des marchandises neuves et usagées ainsi que des pièces de monnaie anciennes, et faisait du prêt sur gage sous le signe d'un bouclier rouge, d'où le nom de Rothschild, qui signifie bouclier rouge en allemand. Rothschild est devenu leur nom de famille adopté et officiel. L'entreprise était située dans la Judenstrasse, littéralement "la rue des Juifs" dans un ghetto de Francfort, qui comptait environ 550 familles.

Mayer Amschel (Rothschild) est né en 1743. La famille était établie à Francfort depuis des générations. En effet, le British Museum possède un document qui indique que la famille remonte au début du $16^{\text{ème}}$ siècle. Au $18^{\text{ème}}$ siècle, ils constituaient un groupe assez important.

J'ai identifié vingt antécédents de Mayer Amschel, l'aîné de trois fils dont les parents étaient dans le commerce de l'argent, tant à l'achat qu'à la vente, auquel il a participé dès l'âge de dix ans. Ce petit commerce était en fait un type d'échange d'argent à l'étranger, car à cette époque, l'Allemagne était composée de 350 principautés, chacune ayant sa propre monnaie.

Apparemment, il leur était interdit d'exercer les professions ouvertes à tous les non-juifs à Francfort. Il ne fait aucun doute que les Juifs étaient soumis à toutes sortes de restrictions, dont certaines étaient plutôt injustes. La maison familiale était une cabane en bois de style gothique où Mayer Amschel a vécu avec son père, sa mère et ses trois frères jusqu'en 1775, date à laquelle une épidémie massive de variole a balayé l'Europe, emportant les deux parents de Mayer. Les parents de Mayer l'inscrivent à l'école rabbinique de Furth. Mais il n'a ni la patience ni le goût pour les longues années d'études nécessaires à l'obtention du diplôme, et après trois ans à Furth, à l'âge de treize ans, Mayer Amschel se met à son compte.

On ne peut qu'admirer le courage qu'il a dû falloir à un si jeune homme pour franchir une telle étape. Se rendant à Hanovre, le jeune homme se voit confier un petit emploi de "charité" insignifiant à la banque de la maison Oppenheimer, où six mois après son arrivée, il devient apprenti. Il ne lui faut pas longtemps pour conclure que pour réussir dans la banque, il faut la protection de l'un des princes les plus importants. Après six ans, il quitte Hanovre et retourne à Francfort où il épouse Gudule Schnapper en 1770.

Mayer et Gudule (Gutta) occupaient le premier étage au-dessus d'une boutique d'où Mayer achetait et vendait des articles neufs et d'occasion, comme son père l'avait fait avant lui. De nombreux articles, tels que des tableaux et des meubles, étaient exposés sur le trottoir. C'était la maison, le lieu de départ des "barons de la banque", qui allaient contrôler les finances du monde et les grands dirigeants, hommes d'État et rois. Gudule a donné cinq fils à Mayer. Les discussions avec ses cinq fils se déroulaient toujours autour d'une "table en bois sale", description donnée par Spiridovich dans *Unrevealed in History*, où la famille se réunissait pour les repas et les discussions.

La répartition du monde financier entre les fils était l'un des sujets de discussion favoris. Leur père parlait des quatre petits-fils de Charlemagne, de la façon dont les empereurs romains avaient régné sur le monde et de sa vision pour ses fils. Ses cinq filles n'étaient jamais incluses dans ces discussions.

Charles le Grand (Charlemagne) (771-814) était un Allemand typique, mesurant plus d'un mètre quatre-vingt, un superbe athlète qui parlait grec et latin. Il était roi des Francs et devint empereur de Rome de 800 à 814 avant Jésus-Christ. Pourtant, malgré sa vénération pour Charlemagne, Mayer Amschel vouait une haine violente à tout ce qui était "romain", qu'il décrivit plus tard comme "le grand ennemi du bolchevisme", selon Sir Alfred Mond dans *World Battle of the Jews*. Samuel Gompers, écrivant dans le *Chicago Tribune* du 1er mai 1922, a dit du bolchevisme, en référence à Mayer Amschel :

> Rien ne constituerait une trahison plus inutile et plus vile de la civilisation que la reconnaissance de la tyrannie bolchevique. La politique des banquiers allemands et anglo-américains est l'élément le plus dangereux de toute la chaîne des efforts bolcheviques. Les fonds des bolcheviks s'élevaient à des millions de dollars.

La haine affichée du monde romain par Mayer Amschel pourrait provenir du fait que, depuis 1762, Francfort-sur-le-Main était la ville de l'élection et du couronnement des empereurs du Saint Empire romain germanique, ce que Mayer Amschel détestait, car il savait que l'Église catholique était un ennemi implacable des bolcheviks. Certains historiens affirment que sa haine était dirigée vers la Russie, car il s'agissait de la plus grande nation chrétienne d'Europe et que, sous plusieurs de ses dirigeants, les Juifs avaient enduré de nombreuses épreuves et persécutions.

Autour de la table, Mayer avertissait ses fils de garder leur richesse dans la famille et de ne jamais se marier en dehors de celle-ci. Il expliquait la loi hébraïque du "neshek", qui signifie littéralement "une morsure" le terme utilisé pour signifier les intérêts et "comment il devait être appliqué en dehors des Hébreux, et non à eux". Le secret devait être primordial ; personne en dehors de la famille ne devait jamais savoir combien d'argent elle possédait. Selon l'auteur John Reeves qui, dans son livre *The Rothschilds : Financial Rulers of Nations*, cite MacGregor, auteur de *The Kahbalaha Unmasked* :

> Les cinq fils ont commencé à faire des affaires dans cinq capitales européennes, mais ils agissaient de concert les uns avec les autres. Les affaires des Rothschild depuis 1812 ont été si immenses, et les liens qui unissent les différents membres de la famille si étroitement tissés, que les démêler semble être presque sans espoir. Le succès obtenu par le fondateur est dû à l'état perturbé du monde. Mayer Amschel était un enfant de la fortune au même titre que Napoléon.

Mayer Amschel a eu cinq fils et cinq filles :

Anselme Mayer, né en 1773, a épousé Eva Hannau

Salomon Mayer, né en 1774, a épousé Caroline Stern

Nathan Mayer, né en 1777, a épousé Hannah Levi Barnet Cohen 1806

Karl, né en 1788, a épousé Adelaïde Herz

Jacob (James), né en 1792, a épousé sa nièce Betty, fille de son frère Salomon. Anselme, son fils aîné, a reçu l'insigne honneur de devenir membre du Conseil privé du commerce de la Prusse royale, consul de Bavière et banquier de la Cour.

Cela peut sembler sans importance aujourd'hui, où il n'y a pas de distinction de classe, mais le système rigide des castes en vigueur à l'époque rendait impossible à un "roturier" d'occuper de tels postes, toujours réservés aux familles porteuses de titres nobiliaires et les Juifs étaient expressément exclus de ces hautes fonctions. Salomon Mayer a réussi à s'introduire dans le cercle le plus intime du prince Metternich, le souverain virtuel de l'Autriche.

Les cinq filles n'ont reçu aucune part de l'entreprise et n'ont pas eu leur mot à dire dans la gestion de celle-ci, étant en fait totalement exclues. La plupart du temps, elles se sont mariées dans le cadre de "mariages arrangés".

Selon l'auteur John Reeves :

> Les mouvements des Rothschild sont soigneusement surveillés et sont aussi importants pour le public que ceux de n'importe quel ministre. Un enquêteur enthousiaste a été informé qu'il était impossible de nommer tous les membres de la famille, car il n'existait pas de pedigree. (Les souverains financiers Rothschild)

Selon le major général comte Cherep-Spiridovich le relatant dans *The Unrevealed in History* et les documents du British Museum de Londres, Mayer Amschel aurait lu un passage du Talmud sur son lit de mort et obligé ensuite ses enfants à faire le serment solennel qu'ils resteraient toujours unis et n'entreprendraient jamais rien séparément.

CHAPITRE 2

Mayer Amschel et cinq de ses fils connaissent une bonne fortune

Alors qu'il se trouve à la banque Oppenheimer, Amschel a la chance singulière de rencontrer le lieutenant général Baron von Estorff, un aristocrate proche du Landgrave de Hesse-Cassell, une famille extrêmement importante dont l'ascendance remonte à des centaines d'années.

Dans *The Rothschild Money Trust* par Armstrong, il est indiqué que le Landgrave était Guillaume IX :

> "Il est devenu un prêteur d'argent et un agent pour Guillaume IX, Landgrave de Hesse-Cassel."

L'historien, soldat et écrivain très décoré, le comte Cherep-Spiridovich, le décrit simplement comme

> "Amschel est devenu le gestionnaire du Landgrave de Hesse-Cassel".

On dit que Mayer a rendu quelques services à von Estorff aux frais de la banque d'Oppenheim, dont les détails exacts ne sont pas connus à ce jour.

Selon mes recherches au British Museum, l'approche a d'abord été faite par l'intermédiaire du conseiller financier de Wilhelm, un certain Karl Budurus :

> "Avec les Rothschild, semblables dans leurs ambitions, formidablement tenaces, patients et secrets, ils ont eu une rencontre intellectuellement fructueuse et ont décidé d'entrer dans un arrangement d'aides mutuelles".

Les détails du plan qu'ils ont élaboré n'ont jamais été révélés. Cependant, l'*Encyclopédie juive* de 1905 et 1909 Vo. X, page 499, nous éclaire à ce sujet :

> Dans un dernier temps, il (Amschel) est devenu l'agent de Guillaume IX, Landgrave de Hesse-Cassel, qui, à la mort de son père, a hérité de la plus grande fortune privée d'Europe (estimée à 40 000 000$) provenant principalement de la location de troupes au gouvernement britannique pour réprimer la révolution aux États-Unis...
>
> Après la bataille de juin 1806, le Landgrave s'est enfui au Danemark, laissant 600 000 livres (environ 3 000 000$) à Mayer Rothschild pour qu'il les garde en sécurité. Selon la légende, cet argent a été caché dans des fûts de vin, et a échappé aux recherches des soldats de Napoléon lorsqu'ils sont entrés dans Francfort, et a été restitué intact à l'électorat.
>
> Les faits sont moins romantiques et plus professionnels.

Les documents que j'ai examinés montrent que le "Prince Électeur", comme on l'appelait, n'était pas très scrupuleux quant à l'origine de l'argent qui entrait dans ses coffres. Les mercenaires hessois étaient son fonds de commerce, loués à ceux qui avaient le plus d'argent pour les payer.

Les Hessois avaient élaboré leur contrat avec le souverain, qui stipulait clairement que le Prince recevrait un important acompte au début des opérations militaires pour lesquelles ils avaient été engagés. Ensuite, il devait y avoir un paiement supplémentaire pour les soldats, quelques suppléments pour les blessés et trois fois le montant s'ils étaient tués au combat. Cette somme devait être versée aux mercenaires ou aux personnes à leur charge et non au Prince. En outre, le contrat d'engagement n'expirait pas lorsque la paix était déclarée, mais seulement une année complète après la paix et seulement lorsque les mercenaires étaient rentrés chez eux.

Le gouvernement britannique était le plus gros client, "louant" environ 15 000 à 17 000 Hessois chaque année. Bien qu'il n'y ait aucune preuve directe qu'Amschel et Budurus soient les auteurs du stratagème suivant, il semble très probable qu'ils le furent. Au lieu que la somme forfaitaire et les paiements soient envoyés à Cassel, la résidence du prince, l'argent était conservé en Angleterre où il était investi. Les intérêts (négociés par Amschel) ont été versés au Landgrave sous forme de traites. La partie de l'argent effectivement transférée à Cassel était ensuite utilisée pour accorder des prêts à fort taux d'intérêt à d'autres princes dans le besoin. Il en résulta un énorme mouvement de fonds entrant et sortant de Cassel, avec des revenus substantiels pour le Landgrave, qui s'est associé à la famille Von Turn et Taxis qui détenait le monopole postal pour toute l'Europe. Les mercenaires, qui avaient fait le plus pour gagner l'argent, n'ont rien reçu, mais seulement les montants promis, car ils n'étaient pas au courant de l'accord "privé" conclu dans leur dos.

Les princes de Von Thurn et Taxis (membres du Comité des 300) étaient heureux d'avoir une part du butin en échange de leur rôle d'agents de renseignements pour le Landgrave, et plus tard pour les Rothschild. Pour ce faire, ils ouvrent le courrier important selon les instructions, en lisent le contenu et informent le Landgrave de ce qu'ils ont vu, et sur ses ordres, accélèrent ou retardent la livraison des lettres au profit du Landgrave et de Mayer Amschel — et au détriment de leurs débiteurs.

(Pour plus de détails sur la famille Von Thurn et Taxis, veuillez vous reporter à *La hiérarchie des conspirateurs, Le Comité des 300*)[1].

Ces faits sont en effet très éloignés des notions romantiques sur la façon dont Amschel a commencé sa carrière, et sont révélés de façon plus complète que tout ce qui a été publié auparavant. Les critiques disent que les faits sont loin de ceux suggérés dans l'Encyclopédie. Cherep-Spiridovich affirme sans ambages que l'argent n'a pas été rendu au Landgrave et qu'il a en fait été volé par Amschel. Dans *The Rothschild Money Trust*, l'auteur

---

[1] Publié par Omnia Veritas Ltd, www.omnia-veritas.com.

Armstrong déclare :

> Les faits sont tout à fait "moins romantiques". Mayer Amschel Rothschild a détourné l'argent. Cet argent était entaché dès son origine. Il a été versé par le gouvernement britannique au Landgrave pour le service de ses soldats, utilisé pour réprimer la Révolution américaine, et les soldats y avaient moralement droit. Il a d'abord été détourné par Guillaume de Hesse, puis par Mayer Amschel. Cet argent volé deux fois est la base de l'immense fortune des Rothschild. Depuis lors, elle est restée fidèle à son origine. Il n'y a pas un dollar acquis honnêtement dans les centaines de milliards que possède aujourd'hui la famille Rothschild. Au lieu de mettre l'argent dans des fûts de vin, Mayer Amschel Rothschild a envoyé la totalité de la somme à son fils Nathan à Londres, où il a créé la branche londonienne de la famille.

Il s'agit très probablement de l'argent utilisé par Nathan pour ouvrir N.M. Rothschild and Sons, la banque familiale.

Armstrong poursuit :

> Pour ses services rendus, Amschel est nommé agent impérial de la Couronne, un titre qui lui permet de voyager librement sans entraves. Son "partenariat" avec les princes de Von Thurn et Taxis lui apporte de précieuses informations, ce qui lui donne un avantage sur tous les prêteurs en concurrence avec lui. Nathan Rothschild réalisa un investissement de 800.000.000 d'or (en valeur et non en poids) de la Compagnie des Indes orientales, sachant qu'il serait nécessaire pour la campagne de Wellington dans la péninsule.

Il a réalisé pas moins de quatre bénéfices :

1. Sur la vente du papier de Wellington qu'il a acheté pour 50 cents sur le dollar et collecté au pair.

2. Sur la vente d'or à Wellington.

3. Sur son rachat.

4. En le transmettant au Portugal.

C'est le début de la grande fortune. La façon dont un employé de banque encore relativement obscur a pu franchir le fossé des barrières sociales qui le séparait de la classe aristocratique est un remarquable cas d'école.

Selon les documents du British Museum :

> ... Le prince était très avide et avare, et ne se souciait guère des moyens par lesquels sa fortune, qui lui avait été léguée par son père, Guillaume VIII (le frère du roi de Suède), était augmentée. Frédéric, ayant entendu parler par von Estorff de l'habileté et du manque de scrupules d'Amschel, s'intéressa à la recherche d'un "homme de paille" pour ses achats douteux.

Amschel dissimule sa relation avec Frédéric II derrière une façade modeste, mais il ne fait aucun doute qu'il a utilisé son influence auprès du vieux Landgrave pour gagner des millions et obtenir des avancées politiques. Il devient l'agent du landgrave de Hesse et le premier prêt gouvernemental qu'il arrange est celui de 1802, lorsque le gouvernement danois emprunte dix millions de thalers.

Bien que cela ne soit pas connu à l'époque, l'argent provenait de l'immense fortune de la famille du Landgrave.

Pour s'attirer les faveurs du public, Amschel a déclaré qu'il donnerait sa part des bénéfices à Frédéric II, mais il ne l'a jamais fait. À partir de cette affaire, le destin des Rothschild allait devenir l'une des plus étonnantes réussites de l'histoire du financement et des prêts.

Son fils, Guillaume IX, succède à Frédéric II et devient Prince Électeur Guillaume Ier en 1785. À cette époque, Amschel avait été en quelque sorte le "ministre des finances" du défunt Frédéric II et connaissait tous les secrets de la famille.

Les deux se sont tout de suite entendus. Ils sont tous deux nés en 1743. Amschel dissimule sa véritable richesse au Prince Électeur Guillaume Ier, en portant toujours les mêmes vêtements et en se faisant passer pour un pauvre. À partir du moment où il devient le gestionnaire de la fortune du Prince Électeur Guillaume Ier, la fortune d'Amschel augmente à mesure que celle de son employeur diminue. En 1794 il se produisit un événement qui poussa le Prince Électeur Guillaume Ier à fuir : la prise de

Coblence par le général français Hoche.

Craignant que ses pratiques corrompues ne soient révélées (en fait, les combines d'Amschel, l'homme de paille) par l'occupation, le Prince Électeur Guillaume Ier s'enfuit, après avoir cédé le contrôle à Amschel.

Voici l'histoire vraie de la façon dont les Rothschild ont obtenu leur argent. Ce n'était pas par le biais du courtage en gage, de la spéculation intelligente ou de tout autre conte de fées largement accepté qui semble si romantique.

Le génie des fils est à mettre sur le compte de la fortune du landgrave de Hesse et non sur celui du "génie" fantaisiste des cinq frères ! Il s'agissait d'un cas de "vol par conversion", purement et simplement.

Mayer est mort à Francfort le 12 décembre 1812, laissant son héritage à cinq fils et un montant moindre à ses cinq filles.

CHAPITRE 3

Les Rothschild font leur entrée dans la haute société européenne

La manière dont Mayer a laissé la majeure partie de son argent à ses cinq fils, et beaucoup moins à ses filles, est la marque de la manière dont lui et ses ancêtres considéraient les femmes comme le maillon faible de la chaîne.

Les femmes devaient être utilisées pour des mariages arrangés au sein de la famille, pour les affaires. En d'autres termes, les mariages devaient être arrangés en fonction des avantages commerciaux.

L'idée d'une "égalité" entre hommes et femmes n'existait pas dans l'esprit de Mayer. La campagne moderne, menée par les socialistes, en faveur de l'égalité des droits pour les femmes est arrivée plus de cent ans plus tard, et s'est largement limitée à l'égalité des droits pour les femmes non juives. Amschel répartit les nations d'Europe comme des miches de pain, attribuant à ses fils l'Allemagne, l'Autriche, la Grande-Bretagne, l'Italie et la France comme "leurs territoires".

Plus tard, il a envoyé un membre de sa famille, un homme du nom de Schoeneberg, aux États-Unis sous le nom d'August Belmont. Il est devenu la main cachée qui a secrètement fait passer la législation pour permettre au système de la Réserve Fédérale d'être inscrit dans la loi.

Les intérêts des fils Rothschild sont devenus la finance et la banque internationales et ils ont établi des succursales dans les principales capitales d'Europe, Paris, Naples, Vienne et Londres, chacune sous la supervision étroite d'un des cinq fils, tandis que

"Belmont" s'est fortement engagé dans la banque et la politique du parti démocrate en Amérique. En un laps de temps relativement court, les Rothschild ont été en mesure d'amener toute l'Europe dans leur orbite et sous leur influence. Ils ont acheté des fonctionnaires et se sont liés d'amitié avec les monarques et les princes d'Europe, tout en veillant à ce qu'aucun étranger n'entre dans la famille. Lorsque l'une des filles entame une "relation amoureuse", celle-ci est impitoyablement écrasée. On lui dit que les frères considèrent le mariage comme une affaire commerciale et qu'ils arrangent les mariages pour les partenariats.

Il n'a fallu qu'une génération de planification, d'intrigues et de manipulation de l'opinion publique pour que les Rothschild deviennent la plus grande force et influence, non seulement dans les affaires de l'Europe, mais aussi en Extrême-Orient et, plus tard, aux États-Unis. Les mariages mixtes ont soudé la famille en un front cohésif et solide. En 1815, l'Autriche a ouvert la voie en accordant aux cinq frères des titres héréditaires de "baron", avec la propriété foncière qui va avec. Leur ascension fulgurante vers la gloire, la fortune et le pouvoir était étonnante à voir. Ils ne prenaient jamais aucune décision ni aucun mouvement sans consulter étroitement leur "agent de communication" et leur "source d'informations privilégiées", les Von Thurn et Taxis.

Si les positions de pouvoir politiques ne pouvaient être réalisées, elles étaient achetées. Mayer Amschel, responsable de Francfort, par exemple, a acheté un siège au Conseil privé du commerce de Prusse. Il s'agit d'une position qui, dans le passé, n'était accessible qu'à la royauté, et son succès a secoué l'aristocratie prussienne, provoquant beaucoup d'alarme et de consternation.

Après la restauration des Bourbons (à laquelle les Rothschild ont joué un rôle non négligeable), le plus jeune des frères, James (Jacob), a reçu une charte pour établir une succursale de la banque Rothschild à Paris.

Comprenant rapidement l'importance des chemins de fer, James finance plusieurs des nouvelles lignes et fait une énorme fortune. Il prête aux Bourbons, toujours dépensiers, des millions de francs.

Nathan était le génie des cinq frères. Troisième de la lignée, il était celui vers qui les autres se tournaient pour trouver des conseils. Lorsque les frères décident de s'établir en Angleterre, ils envoient Nathan s'installer à Manchester, une ville industrielle sinistre du nord, plutôt qu'à Londres. La raison en est que les Rothschild ont d'importants projets commerciaux pour le commerce du tissu dans cette ville, qu'ils ont l'intention d'exploiter au maximum avant de déplacer leur opération à Londres. La plupart des tissus nécessaires à la fabrication des uniformes de l'armée et de la marine britanniques provenaient à l'origine d'Allemagne. Grâce aux "renseignements postaux" fournis par le monopole postal de Von Thurn et Taxis, les Rothschild apprennent que la guerre avec Napoléon est imminente. Nathan est rapidement envoyé en Allemagne pour racheter tous les stocks de ces tissus.

Lorsque les manufactures de Manchester ont été chargées par le gouvernement britannique de fabriquer des uniformes pour l'armée et la marine, elles ont envoyé leurs agents en Allemagne pour se procurer les stocks de tissu nécessaires, comme elles l'avaient toujours fait, pour apprendre que toute la production avait déjà été vendue à Nathan Rothschild, à qui elles étaient maintenant obligées d'acheter.

Lorsque la nouvelle est parvenue à Manchester, il s'en est suivi un violent tumulte. À un moment donné, Nathan craignit pour sa sécurité. Après cinq ans à Manchester, Nathan s'installe à Londres en 1805.

En fait, "fuir" serait une meilleure description, comme il a été contraint de le faire lorsque la colère du public contre ses agissements a commencé à monter.

L'une des principales raisons du grand succès de Nathan est qu'il a compris que la communication rapide était la clé pour battre ses concurrents. Il employait les cavaliers, les navires et même les pigeons voyageurs les plus rapides pour communiquer. Il recherchait avidement des "informations privilégiées", qu'il cachait à ses concurrents et aux gouvernements. Il avait ses agents secrets dans toutes les capitales d'Europe.

Ce groupe fidèle n'a jamais hésité à chevaucher la nuit, l'hiver et l'été. Ils élevaient la meilleure race de pigeons voyageurs et naviguaient sur les bateaux les plus rapides, achetant parfois tous les passages entre la France et l'Angleterre pour bloquer les concurrents.

Le plus grand principe d'expertise de Nathan consistait à acheter des obligations d'État en défaut de paiement, ou sur le point de l'être, avec d'énormes décotes. Après un certain temps, une forte pression est exercée sur les gouvernements concernés pour qu'ils remboursent les obligations à leur valeur nominale, ce qui rapportait à Nathan des bénéfices incroyables. Il devient ainsi l'agent financier de plus de la moitié des gouvernements européens. Certaines personnes très remarquables ont déclaré dans le passé que "la civilisation a pris fin en 1790", notamment H. G. Wells, le célèbre écrivain britannique de l'establishment qui a déclaré dans le *New York American*, (27 juillet 1924) que le progrès mental et moral de la race humaine a pris fin avec le 18ème siècle.

Wells était bien vu par les Rothschild, qui aimaient son idée de la Société des Nations, ce que Wells appelait "un État mondial", qu'il disait inévitable. Les Erlanger ont fait un don de 3000$ à cette fin, tout comme N.M. Rothschild.

George Bernard Shaw, le dramaturge irlandais, a dit à Hillaire Belloc : "Quelque chose d'énorme s'est produit en 1790." Ceci a été rapporté dans le *New York Times* :

> Il y a des raisons de croire qu'ils faisaient référence aux grands mouvements révolutionnaires qui ont débuté entre le milieu et la fin du 18ème siècle, lorsqu'en 1779 Amschel Rothschild est devenu le maître de l'homme le plus riche de la planète, le Landgrave de Hesse Cassel.

CHAPITRE 4

Les murs de Jéricho [Francfort] s'effondrent

J'ai évoqué plus haut le fait que seules cinq cents familles juives étaient autorisées à vivre à Francfort, en Allemagne. La manière dont Mayer Amschel a traité le problème est devenue sa marque de fabrique. À l'occasion de la naissance du fils de Napoléon, le grand-duc Dalberg de Francfort voulait se rendre à Paris pour lui rendre hommage, mais aucune des banques ne voulait lui prêter l'argent nécessaire pour faire le voyage.

Le vieil Amschel, cependant, a vu les possibilités de faire de Dalberg son débiteur et lui a prêté quatre-vingt mille guldens à cinq pour cent. Aucune pression n'est exercée sur le Grand-Duc pour qu'il rembourse le prêt tant que les intérêts sont payés, mais dans le même temps, il y avait peu de faveurs demandées par les Rothschild que le Grand-Duc pourrait ou voudrait refuser.

Amschel et sa famille se livrent à de vastes opérations de contrebande au mépris du boycott français de l'Angleterre, ce qui rapporte beaucoup d'argent aux Rothschild. Les soupçons se portent sur Amschel, et un raid est prévu pour mai 1809.

Dalberg, qui ne manquait jamais une occasion d'emprunter de l'argent à Amschel à des taux avantageux, l'a informé du raid imminent par l'intermédiaire de son commissaire de police exécutif, von Eitzlein.

Une activité frénétique a permis de placer la contrebande et les documents compromettants chez des amis fiables, de sorte que lorsque l'inspecteur Savagner et ses hommes sont arrivés, ils ont trouvé le vieux Mayer Amschel dans son lit, et une fouille n'a rien donné de compromettant. Bien que les inspecteurs du boycott commercial de Napoléon soient revenus bredouilles, Amschel a néanmoins été condamné à une amende de 20 000 francs, une somme dérisoire, mais il a échappé à la prison, ce qui aurait été le cas si la contrebande avait été découverte par les inspecteurs.

Lorsque l'agitation s'est calmée, Amschel s'est attaqué au problème des restrictions concernant le nombre de familles juives autorisées à résider à Francfort. Il s'adresse à Dalberg, qui lui doit toujours le montant principal du prêt.

Selon la loi, chaque famille juive doit payer une taxe annuelle de 22 000 guldens pour rester dans la ville. Amschel et l'un de ses partenaires, un certain Gumprecht, persuadent le Grand-Duc d'accepter une somme forfaitaire qui donnerait aux Juifs des droits de citoyenneté à Francfort, ce à quoi la majorité chrétienne s'oppose si fortement. Plus encore, Amschel exige non seulement l'égalité de citoyenneté, mais aussi que les Juifs soient autorisés à créer leurs propres organes et conseils de direction.

Le cupide Dalberg a exigé que la somme forfaitaire proposée par Amschel soit vingt fois supérieure à la cotisation annuelle totale.

Amschel et ses amis ont répondu à la demande en versant 294 000 guldens en espèces et le solde en obligations au porteur.

Dans une lettre au Grand-Duc confirmant l'arrangement et les conditions, Amschel a montré que lorsqu'un comportement humble et obséquieux était nécessaire, il était passé maître dans l'art :

> Si je pouvais être le messager de la bonne nouvelle, dès qu'elle aura été signée par Son Altesse Royale notre très excellent Seigneur et Grand-Duc, en faveur, et que je puisse informer ma nation de leur grande joie, vous aurez la bonté de m'en informer par la poste, avouez que j'abuse de votre bonté et de votre grâce, mais je ne doute pas que Votre Altesse et votre honorable famille doivent attendre de grandes récompenses célestes et qu'elles recevront beaucoup de bonheur et de bénédiction, car en vérité, toute notre communauté juive, si elle a le bonheur d'obtenir

l'égalité des droits, paiera volontiers avec de grands plaisirs toutes les cotisations que les citoyens doivent payer.

Notez comment Amschel a affirmé avec audace que les Juifs de Francfort constituaient une nation distincte. L'accord met un certain temps à être adopté, mais lorsqu'il l'est, Amschel annonce immédiatement la création de l'organe directeur de la communauté des religions israélites, dont von Eitzlein (un Juif) est le premier président, peut-être en récompense pour avoir informé Amschel du raid prévu pour la contrebande en mai 1809. Le Sénat et les chrétiens sont furieux et attaquent immédiatement l'accord comme donnant des privilèges spéciaux aux Juifs.

La rumeur court que Dalberg a reçu un paiement substantiel, qu'il n'a pas rendu public. Le sentiment contre Dalberg et les Juifs atteint son paroxysme. Des accusations de corruption en échange de l'égalité des droits fusent. Avec la chute de Napoléon, Dalberg est déposé et remplacé par le Baron von Hugel de Hesse.

Amschel n'avait pas peur de l'Autriche ou de la Prusse, il avait leurs gouvernements dans le creux de sa main, mais il craignait que lorsque le Congrès de Vienne déciderait du statut de Francfort en 1814, l'accord de Dalberg ne soit pas honoré. Il envoya Jacob Baruch et un certain Gompers comme représentants, mais la police de Vienne les fit surveiller comme révolutionnaires et ordonna leur expulsion.

Cependant, le prince Metternich, qui avait été créé par Nathan Rothschild, tout comme Adam Weishaupt, Napoléon, Disraeli et Bismarck étaient tous de simples marionnettes-créations (ou "valets") des Rothschild, annula l'ordre. Les pots-de-vin et la corruption étaient pratiqués ouvertement.

On a offert à Humbold trois belles bagues en émeraude d'une véritable fortune, plus quatre mille ducats, qu'il a refusés.

Le secrétaire de Metternich, Frederick von Gentz, a toutefois accepté les pots-de-vin proposés et est devenu à jamais un intermédiaire précieux pour les Rothschild auprès de la puissante noblesse et des dirigeants politiques autrichiens.

Lorsque la nouvelle du débarquement de Napoléon sur le sol

français depuis son exil à Sainte-Hélène est parvenue au Congrès, la "question juive" a dû être mise de côté. Le Congrès de Vienne a été la première conférence mondiale à être dominé par les banquiers internationaux, et les Rothschild ont contribué très largement au contrôle que les banquiers ont exercé sur les décisions qui ont été prises.

CHAPITRE 5

Les Rothschild pillent les cinq grandes puissances

Le Comte Buol-Schauenstein, représentant de l'Autriche, est scandalisé par le marché conclu par Dalberg-Rothschild avec les Juifs de Francfort :

> Le commerce reste le seul moyen de subsistance des Juifs. Cette nation, qui ne s'amalgame jamais avec aucune autre, mais qui se serre toujours les coudes pour poursuivre ses propres fins, va bientôt éclipser les entreprises chrétiennes ; et avec l'augmentation terriblement rapide de leur population, elles vont bientôt s'étendre sur toute la ville, de sorte qu'une ville commerciale juive va progressivement apparaître à côté de notre vénérable cathédrale.

J'ai passé un temps considérable à rechercher des documents au British Museum, qui faisaient référence d'une manière ou d'une autre à la famille, afin de pouvoir écrire sur l'ascension de la dynastie Rothschild, une grande partie de ce qui a été dit provient de cette source. Le baron James est devenu une grande personnalité. Rois et ministres sont obligés de compter avec lui et il le justifie en finançant un prêt de 520 millions de francs au gouvernement de la Restauration, qui avait besoin d'argent après les grandes guerres de la Révolution et de l'Empire. Dans son livre *Les Juifs rois de l'époque* Toussenel écrit :

> On peut considérer l'année fatale 1815 comme l'ère du nouveau pouvoir ; bien qu'avant cette date la coalition de banquiers qui ont acheté de grands bouleversements la campagne de Moscou et Waterloo — il faut se souvenir de l'ingérence des Juifs dans nos affaires nationales (Françaises). En 1815, la France est

condamnée à payer 1500 millions de francs d'indemnités de guerre et devient la proie des financiers internationaux de Francfort, Londres et Vienne qui s'unissent pour exploiter sa calamité. James Rothschild ne payait pour chaque obligation d'État de 100 francs que 50 francs et recevait cinq francs d'intérêts, ce qui faisait dix pour cent de l'argent, prêté et l'année suivante le principal commençait à rapporter deux fois plus. James est devenu le prêteur des Rois. Ceci ajouté à ses spéculations à la Bourse où il pouvait influencer la hausse et la baisse des actions a gonflé les gains du baron en millions.

Entre 1815 et 1830, les Rothschild ne font que piller les cinq grandes puissances : l'Angleterre, la Russie, la France, l'Autriche et la Prusse. Ainsi, la Prusse a contracté un emprunt de 5 000 000 de livres sterling à 5%, mais n'a reçu pour ses obligations d'État que 3 500 000 ou 70%, ce qui fait que le taux d'intérêt réel est supérieur à 7%. Mais le point essentiel de cette affaire était que les obligations devaient être remboursées dans quelques années à 100%. Les Rothschild ont réalisé un bénéfice de 1 500 000 livres sterling, plus les intérêts. En 1823, James a repris la totalité de l'emprunt français.

Selon le professeur Werner Sombart dans son ouvrage *Les Juifs et la vie économique* :

> La période à partir de 1820 est devenue l'âge des Rothschild, de sorte qu'au milieu du siècle, il était courant de dire qu'il n'y avait qu'une seule puissance en Europe et c'était les Rothschild.

Comme expliqué précédemment, l'œuvre de fiction de Disraeli, *Coningsby*, était un récit à peine déguisé de la vie de Nathan Rothschild II, et extrêmement révélateur :

> Son père [Nathan Rothschild] avait établi un frère dans la plupart des principales capitales. C'est là qu'il était le seigneur et maître des marchés monétaires du monde, et, bien sûr, virtuellement le seigneur et maître de tout le reste. Il détient littéralement les revenus de l'Italie du Sud en gage [par l'intermédiaire de Karl Rothschild à Naples] et les monarques et ministres de tous les pays courtisent ses conseils et sont guidés par ses suggestions. Entre Paris et Naples, Sidonie [Lionel] a passé deux ans. Sidonie n'a pas de cœur, c'est un homme sans affections.

Tel est l'ouvrage dicté à Disraeli par Nathan Rothschild et publié comme une fiction, mais il n'existe pas d'histoire des Rothschild plus précise que celle-ci. Qui était Disraeli ?

Dans *La Vielle France* N°216, Bismarck a déclaré que Disraeli était un simple instrument des Rothschild et que c'était Disraeli et les Rothschild qui avaient formulé le plan visant à démembrer les États-Unis par une guerre civile massive. Disraeli n'était qu'une de leurs créations qu'ils ont fait passer de l'obscurité à la gloire. Son grand-père, Benjamin D'Israeli, est arrivé en Angleterre en 1748. Son fils, Isaac D'Israeli, est né en 1766 et est rapidement devenu un bolchevik. L'un de ses ouvrages s'intitule *Contre le commerce*.

De son père, Disraeli a dit : Il a vécu avec des hommes érudits. Ces hommes savants étaient Nathan Rothschild et son entourage. Soit dit en passant, "El-Israeli" (D'israeli ?) est un nom arabe d'origine turque utilisé au Moyen-Orient pour désigner les personnes d'origine juive. Il est probable que la famille de son père soit venue de Turquie en Italie et qu'elle se soit installée à Ancône ou à Cento. Le domaine d'Isaac était l'écriture et, comme beaucoup de chercheurs avant lui, il fréquentait le British Museum.

Il était également importateur de chapeaux de paille, de marbre et d'alun, mais Isaac avait envie d'écrire.

En 1788, son père l'envoie étudier en France, en Italie et en Allemagne. Il rentre en Angleterre en 1789 et écrit *The Curiosities of Literature*, qui est publié par le socialiste John Murray. Succès littéraire, l'ouvrage connaîtra treize éditions.

Benjamin a probablement hérité ses talents d'écrivain de son père.

Né en 1804 dans une famille de condition modeste, Benjamin est circoncis le huitième jour selon la coutume juive, et grandit dans la foi juive. Bien qu'il en soit fier, nous sommes amenés à penser qu'il a su très tôt qu'en ce qui concerne les fonctions publiques, sa "judéité" serait un inconvénient, car en Angleterre, à cette époque, la religion interdisait aux Juifs de devenir membres d'un parti politique.

Mais sur les ordres de Nathan Rothschild, à l'âge de treize ans, Benjamin est baptisé le 31 juillet 1817 en tant que chrétien afin de pouvoir pénétrer la société anglaise et l'establishment politique, qui à l'époque était fermé aux Juifs par les Test Acts. Les ordres de Nathan Rothschild étaient d'abattre toutes les barrières contre les Juifs.

Un jour, il a dit à Lord Melbourne, le ministre de l'Intérieur : "Je vais être le Premier ministre de l'Angleterre", ce que Melbourne a trouvé fantaisiste et impossible. Bien sûr, Melbourne ne connaissait pas à l'époque les liens de Disraeli avec les "Rothschild". Mais d'abord, le financement nécessaire devait venir de quelque part. À vingt-deux ans, il commence à "spéculer" sur le marché boursier, une occupation hautement improbable pour un homme qui a toujours été sans argent.

Un certain Thomas Jones — plus que probablement un nom d'emprunt — a trouvé deux mille livres pour commencer, puis neuf mille livres — une somme énorme à l'époque pour investir dans un écrivain sans le sou et sans expérience ! Il ne faut pas beaucoup d'imagination pour arriver à la conclusion que "Thomas Jones" n'était autre que Nathan Rothschild.

Comme ce fut le cas pour les biographes de Napoléon Ier, de Bismarck, de Metternich, du maréchal Soult (qui a trahi Napoléon à Waterloo), de Karl Marx, de Bombelles, de Lassalle, de Hertz, de Kerensky et de Trotsky, les éloges à l'égard de Disraeli, une ancienne non-entité, étaient abondants. J. G. Lockhart, le gendre de Sir Walter Scott, était hors de lui lorsqu'il a écrit en 1825 :

> Je peux dire franchement que je n'ai jamais rencontré un jeune homme plus prometteur. C'est un érudit, un étudiant assidu, un penseur profond, une grande énergie, une persévérance égale, une application infatigable, et un homme d'affaires complet. Sa connaissance de la nature humaine et la tendance pratique de toutes ses idées m'ont souvent surpris chez un jeune homme qui a à peine dépassé sa vingtième année.

Un autre ami ébloui a écrit :

> Il n'avait pas de rang, pas d'amis importants, pas de fortune,

mais c'était un savant capable qui éblouissait l'establishment par l'audace de sa conception, ses triomphes brillants. Il avait cette confiance suprême en lui-même, qui équivaut à du génie virtuel. Il ne s'est jamais découragé.

Bien sûr ! Soutenu par Nathan Rothschild, il avait le monde à ses pieds. Si seulement l'histoire pouvait être réécrite !

> L'aristocratie anglaise n'a pas été détruite par la Révolution "française" et elle est restée implacablement opposée aux Juifs jusqu'à ce que Disraeli, au nom des Rothschild, les ait vaincus. Disraeli était le cheval de Troie, glissé au cœur même de la société anglaise et de son establishment politique.
>
> (Documents du comte Cherep-Spiridovich et du British Museum)

En décembre 1922, le British Guardian a publié un article du Dr John Clarke, qui mérite d'être cité :

> Et la manière dont cette puissante firme [les Rothschild] gouverne le gouvernement de la France et de l'Angleterre peut être déduite de deux incidents récents. Le secrétaire de la légation française, M. Thierry, à l'ambassade de Londres, a épousé il y a quelques mois une juive du clan Rothschild. Et maintenant, les mentors cachés du nouveau parti "conservateur" de Bonar Law [le Premier ministre britannique qui a promis de suivre la politique de Disraeli] sont les mêmes.
>
> Le gouvernement l'a incité à envoyer comme ambassadeur à Paris un "libéral" non diplomate, la marquise de Crewe, dont l'épouse est la fille de Hannah Rothschild, comtesse de Roseberry. Nous avons ici la base réelle de l'Entente franco-britannique — 'R.F.', qui signifie Rothschild Frères, les frères Rothschild, couvre l'Empire britannique, la République française et la plupart des autres républiques et royaumes entre Moscou et Washington.

Qui a ouvert la voie à des changements aussi étonnants sur la scène politique anglaise ? C'est Disraeli, qui "contrôlait" le Premier ministre Bonar Law. Dans la *Vie de Disraeli* de Buckle, l'auteur ne donne aucune indication sur qui a fait Disraeli :

> "Aucune carrière dans l'histoire anglaise n'est plus merveilleuse que celle de Disraeli, et aucune n'a été jusqu'à présent

enveloppée d'un plus grand mystère."

En fait, il n'y avait pas de "mystère" du tout. Mais pour Nathan et son fils Lionel Rothschild, Disraeli n'aurait jamais existé en dehors de son petit cercle familial étroit. De 1832 à 1837, Disraeli a de gros problèmes de dettes impayées. En avril 1835, il est contraint de passer une grande partie de son temps à l'intérieur pour "éviter de se faire pincer par les créanciers", comme il l'écrit dans une lettre à Lady Henrietta Sykes, sa maîtresse.

En août 1835, Disraeli s'est rendu à Bradenham, pour échapper à ses créanciers. L'un d'eux est un certain Austen qui menace de le faire arrêter et de l'envoyer dans une prison pour débiteurs. À Bradenham, il essaie d'écrire son roman *Henrietta Temple*. À cette époque, ses dettes éclipsent ses écrits. En juillet, un autre de ses créanciers, un Thomas Mash qui avait fait pression pour le paiement, est devenu pressant et Disraeli marchait dans la crainte (quand il s'aventurait à l'extérieur) d'une arrestation imminente.

Perpétuellement en proie à de graves difficultés financières, très endetté à l'âge de vingt ans et ne parvenant pas à obtenir un siège à la Chambre des communes, ce qu'il avait tenté de faire de 1832 à 1837, les Rothschild, qui le surveillaient depuis l'âge de dix ans, en font leur "valet".

En écrivant à sa sœur Sarah en 1849, Benjamin l'admet. Cette année-là a été la pire période financière de sa vie. Il est harcelé par ses créanciers et doit comparaître devant une cour d'assises lorsque, comme il le dit dans sa lettre à Sarah, "Mayer Rothschild a involontairement fait sortir le chat du sac".

Disraeli n'a pas "élevé l'Angleterre à la plus haute position" comme le prétend Buckle. Au contraire, ce qu'il a fait, c'est préparer l'Angleterre à une série de guerres désastreuses. Il a effrayé des générations d'Anglais avec ses mensonges sur la "grande Russie" qui était soi-disant un danger et une menace pour la Grande-Bretagne. Le Premier ministre Gladstone a accusé Disraeli de mentir. Était-il sincère au sujet du prétendu "danger" russe ?

Lord Gladstone a dit qu'il n'y avait que deux choses pour

lesquelles il était "sérieux, sa femme et sa race". Gladstone ne savait évidemment pas que Benjamin était "sérieux" à propos des Rothschild dont il parlait rarement, peut-être à cause du fait que personne, quel que soit son rang, ne pouvait défier les Rothschild en toute impunité. Benjamin Disraeli est l'homme de la situation pour les Rothschild, Lionel, Mayer, Anthony et leurs familles, y compris les Montefiores. Dans une lettre à sa sœur Sarah, il écrit qu'après sa lune de miel, il y avait eu une fête chez Mme Montefiore et qu'il n'y avait "pas un seul nom chrétien".

Il ne fait aucun doute que Benjamin a rendu de grands services à ses mentors, leur fournissant des "renseignements" depuis son poste élevé.

On sait que c'est l'un de ces "travaux d'espionnage" qui a permis aux Rothschild de lancer le lucratif emprunt pour le canal de Suez.

Décrits comme un "coup d'État" manigancé par Disraeli, les faits ne sont pas aussi simples. Grâce à son service secret de "renseignements", Disraeli apprend que le khédive d'Égypte, Ishmail Pacha, souhaite vendre ses parts dans la Compagnie Universelle de Suez.

Grâce aux "renseignements" fournis par le contrôle du courrier par Von Thurn et Taxis, le 15 novembre 1875, Disraeli est informé que le khédive négocie avec deux banques françaises pour la vente des actions. Disraeli se précipite immédiatement chez le baron Lionel de Rothschild, qui accepte d'accorder un prêt au gouvernement britannique à cette fin. Le plan secret a été élaboré par Lionel et Disraeli et a été présenté au Cabinet britannique pour acceptation le 24 novembre. L'habileté de Lionel à agir si rapidement n'est pas mentionnée, et ainsi, aux yeux du public, cela reste un "coup de Disraeli".

Ce récit, tiré des œuvres rassemblées du major-général comte Cherep-Spiridovich, contribue largement à dissiper les mythes et légendes qui se sont développés autour de la vie et de l'époque de Nathan Rothschild, de ses parents proches ou lointains qui vivaient à Londres, et du légendaire Disraeli.

CHAPITRE 6

Benjamin Disraeli : un espion au service des Rothschild

C'était donnant-donnant, avec les Rothschild toujours prêts à sortir Benjamin de ses problèmes financiers, en particulier en 1835, 1849, 1857 et 1862, lorsque ses dettes s'élevaient à environ 300 000$ d'aujourd'hui sans moyen de rembourser. Face à son ennemi, le duc de Portland, qui le traquait, il s'est vu "prêter de l'argent" par un homme de paille du Baron de Rothschild, un certain Philip Rose, qui se trouvait séjourner justement dans le même hôtel à Torquay au même moment que le Baron Rothschild. Nous sommes amenés à croire que Rose a persuadé Rothschild de prêter l'argent dont Disraeli avait besoin. Située sur la côte est de l'Angleterre, Torquay était une station balnéaire à la mode, avec de beaux hôtels et des stations thermales, souvent fréquentés par la royauté et ses proches. Dans une lettre à sa sœur en décembre de la même année, Benjamin écrit :

> « Il aime donner à ses amis, et non pas prêter, car il ne prend jamais d'intérêt de ma part... »

Je me propose d'examiner l'histoire de certains des personnages les plus connus du monde et de tenter de découvrir le rôle que les Rothschild ont joué dans leur vie. J'examinerai également les révolutions et les guerres pour la même raison. Il s'agit d'une tâche ardue, mais plus que jamais nécessaire.

Il y a eu tant de mensonges dans l'histoire de l'élite dirigeante que nos sens s'émoussent et je me demande comment la vérité pourra jamais être connue des gens ordinaires de ce monde, qui ont dû supporter le poids de ces bouleversements et n'ont jamais su pourquoi ils ont dû faire de si terribles sacrifices. Bien sûr, ils disposent des explications martelées par la propagande qui satisfont le plus grand nombre, mais pour ceux qui souhaitent connaître la vérité, il n'a jamais été suffisant de parler de "patriotisme", d'"amour de la patrie", de "rendre le monde sûr pour la démocratie" et de mener une "guerre pour mettre fin à toutes les guerres". Je ne peux pas remonter trop loin dans l'histoire, alors commençons par certains des bouleversements les plus explosifs qui ont frappé le monde, en commençant par le 18ème siècle et les personnalités impliquées, puis poursuivons jusqu'au 20ème siècle. Pour des raisons d'espace, nous nous limiterons aux aspects les plus marquants de ces événements.

Bien qu'il n'existe pas de preuves tangibles de l'implication des Rothschild dans le cataclysme de la Révolution française, les historiens ont tendance à croire qu'ils en sont à l'origine, par l'intermédiaire de certains de leurs agents. Leur haine bien connue du christianisme et leur désir de débarrasser la France de la monarchie chrétienne qu'elle représentait ont été le moteur de la révolution. L'opposition au christianisme est le facteur qui aurait motivé les Rothschild à prendre des mesures indirectes pour l'affronter à chaque occasion.

Une chose est apparue clairement dans le passé : toutes les guerres menées depuis lors l'ont été pour l'avancement du socialisme international, dont les Rothschild étaient de fervents partisans.

Il est indiqué dans des documents du British Museum que les Rothschild étaient profondément impliqués dans toutes les révoltes et les guerres depuis 1770. Indirectement, il existe des preuves qu'une branche des Rothschild a participé au financement de la Révolution française par l'intermédiaire de la banque de Moses Mocatta, oncle de Sir Moses Montefiore, dont le frère, Abraham Montefiore, était marié à Jeanette, la fille de Mayer Amschel.

Le fils de Mayer Amschel, Nathan, épouse la belle-sœur de Sir Moses Montefiore en 1806. Une autre fille d'Abraham

Montefiore, Louisa, a épousé Sir Anthony Rothschild en 1840.

Une approche factuelle de l'histoire permet de comprendre que les maisons bancaires juives de Daniel Itzig, David Friedlander, Herz Geribeer et Benjamin et Abraham Goldsmidt, étaient les principaux financiers de la Révolution "française". Il est intéressant de noter que sur les cinquante-huit mariages contractés par les descendants de Mayer Amschel, vingt-neuf l'ont été entre cousins germains.

À partir de 1848, le rythme s'accélère. Marx a établi que toutes les guerres devaient avoir pour but de faire progresser le socialisme international, et Lénine et Trotsky l'ont inscrit dans la doctrine communiste. La Première Guerre mondiale a été déclenchée pour établir le bolchevisme en Russie, pour créer un "foyer pour les Juifs en Palestine", pour détruire l'Église catholique et démembrer l'Europe.

La première tentative de gouvernement mondial unique a été lancée sous le déguisement de la Société des Nations. La Seconde Guerre mondiale a été menée pour détruire le Japon et l'Allemagne — deux pays où l'esprit national était particulièrement fort — pour faire de l'URSS une puissance mondiale communiste et pour étendre la portée du bolchevisme sur les trois quarts du monde. Au lendemain de la guerre, les États-Unis ont été incités à rejoindre la prochaine tentative de gouvernement mondial unique, les Nations unies.

La Seconde Guerre mondiale a changé la physionomie des États-Unis, qui ont été contraints par leur important contingent de socialistes internationaux occupant des postes de pouvoir à se sevrer de leur Constitution et de leur forme républicaine de gouvernement, et à assumer le rôle du nouvel Empire romain mondial. En bref, les États-Unis ont été transformés de leur forme républicaine chrétienne de gouvernement en une puissance impériale destinée à conquérir le monde pour et au nom du socialisme international.

Derrière ces changements puissants se trouvaient le pouvoir, l'argent et la main directrice des Rothschild. Je vais tenter de faire le tour des événements majeurs qui ont déclenché ces guerres et d'autres événements historiques de prime importance.

Au moment où la révolution a éclaté en France, la noblesse et le clergé étaient libéraux envers les citoyens français. Ils avaient la liberté de travailler et la liberté de la presse ; selon le livre de Louis Dasté, *La Franc-Maçonnerie et la Terreur*, s'appuyant sur les archives de la période avant le 10 août 1789 — tout ce que le peuple français voulait en matière de liberté, d'absence d'impôts excessifs et de liberté de religion avait été accordé. S'il y a une chose que j'ai apprise de l'histoire, c'est qu'il existe une puissance maléfique qui déteste et combat à mort toute forme de liberté et de justice pour les hommes ordinaires du monde.

Chaque fois qu'un tel système de gouvernement a été mis en place, ces dirigeants secrets et maléfiques sont arrivés et ont renversé ces gouvernements bienveillants en recourant à une violence et une cruauté extrêmes. Un exemple est la Russie, où le tsar Alexandre II avait accepté une nouvelle constitution.

Son ministre, Stolypine, avait mis en marche la machine pour octroyer des terres aux paysans et nationaliser les banques ; le tsar Nicolas avait interdit les guerres en menaçant de "tirer sur le premier qui tire" et les tsars étaient connus comme les personnes les plus cultivées, érudites et gracieuses du monde. Stolypine a été cruellement assassiné par les révolutionnaires bolcheviques pour empêcher la mise en pratique des libertés et des réformes promises par le tsar.

Le 4 août 1789, quatre-vingt-trois inconnus s'emparent de l'Hôtel de Ville de Paris en criant "nous sommes les 300" (révélant ainsi par inadvertance la main cachée de leurs contrôleurs).

En France, l'hôtel de ville est généralement le centre de l'administration civile. Robespierre et Danton ne se joignent pas immédiatement à la soif de sang qui s'ensuit. Stéphane Lausanne, rédacteur en chef du *Matin de Paris* a déclaré dans un article du 6 janvier 1923 :

> Nous, Français, croyons tout connaître des forces de notre

planète. Mais nous ignorons tout des hommes dont les masses ne savent même pas épeler le nom. Ces hommes, plus puissants que César ou même Napoléon, règlent le sort du Globe. Ces hommes dirigent les chefs d'État, contrôlent et soumettent les personnages qui gouvernent, manipulent les échanges, déclenchent ou suppriment les révolutions.

Il parlait bien sûr des 7 Rothschild et du Comité des 300. Ce qu'il ne savait pas, c'est que les Rothschild ont créé et contrôlé Napoléon comme leur instrument, et qu'ils s'en sont débarrassés une fois que le génie corse s'est rendu compte de ce fait et est entré en état de rébellion, dont la première manifestation a été le divorce avec sa femme, la créole Joséphine. Philip Francis, écrivant dans le *New York American* sous le titre "The Poison in America's Cup" a déclaré :

> En théorie, nous nous gouvernons nous-mêmes ; en réalité, nous sommes gouvernés par une oligarchie de la branche américaine de la Fédération internationale des banquiers, la coalition des pillards. Le gouvernement britannique est le camouflage derrière lequel les rois de l'argent de ce monde ont jusqu'à présent caché leur guerre économique contre les masses populaires.

Il n'existe aucune preuve directe de l'implication des Rothschild dans le déclenchement de la Révolution française, mais de nombreux éléments indiquent que Mirabeau était membre de la loge Les Amis Réunis, tout comme son partenaire, Talleyrand. Mirabeau et Talleyrand ont découvert Napoléon qui n'était jusqu'alors qu'un obscur officier de l'armée française. On pense que de nombreux détails de la Révolution française ont été discutés au palais du landgrave de Hesse à Wilhelmsbad, où l'on sait que les principaux francs-maçons se réunissaient souvent, ce qui établit un lien avec Mayer Amschel, qui dirigeait "le conclave secret mortel au-delà des maçons et inconnu d'eux" où la Révolution "française" a été planifiée.

Il y avait aussi le lien avec Adam Weishaupt, fondateur des Illuminati à travers Wilhelmsbad. L'ouvrage déjà cité *The Rothschild Money Trust*, déclare page 17 :

> Il est également admis, comme ils le prétendent, que les Illuminati ont joué un rôle majeur dans l'avènement des journées

sanglantes de 1789, qu'ils ont préparées et réputées financées par des Juifs et que la grande Maison Rothschild venait alors d'atteindre des sommets financiers. Il existe des preuves que ce soulèvement contre la royauté a été financé par la "grande maison Rothschild" et que la Révolution française a été provoquée par des Juifs. Elle a été l'acte final qui a libéré les Juifs de leurs handicaps politiques et civils en France.

Malheureusement pour l'histoire, *The Rothschild Money Trust* ne fournit pas de sources précises venant corroborer l'affirmation selon laquelle la Révolution française a été financée par les Rothschild.

En 1782, après avoir "acquis" l'immense fortune du landgrave de Hesse-Cassel, Amschel sollicite Weishaupt qui, à l'époque, mène une vie de mendiant. Weishaupt est un homme de condition modeste qui se bat pour trouver l'argent nécessaire au paiement d'un avortement illégal pratiqué sur sa belle-sœur. Après son entretien avec Amschel, Weishaupt se présente à Paris avec des millions de francs à sa disposition. Il "importe" au moins 30 000 criminels de la pire espèce et les installe dans des repaires à Paris. Il fait la même chose en Allemagne. Lorsque tous les préparatifs sont terminés et que le décor est planté en 1789, l'enfer se déchaîne à Paris. Selon l'auteur Pouget Saint-André, chroniqueur de la révolution qui éclate en France, Danton est juif tout comme Robespierre dont le véritable nom est Ruben. Pouget St André, auteur de *Les Auteurs de la Révolution Française*, a posé la question qui, à ce jour, n'a jamais reçu de réponse :

> « Pourquoi la Convention a-t-elle versé autant de sang ? On dit que l'effusion de sang a été causée par la haine du peuple contre la classe privilégiée. Comment expliquer le faible pourcentage d'aristocrates exécutés s'élevant seulement à 5% de tous les condamnés ? Pourquoi les réformes ont-elles été achetées au prix exorbitant de 4 milliards de francs et de 50.000 têtes alors que Louis XVI les offrait déjà gratuitement ? »

Ernest Renan dans son ouvrage, *La Monarchie constitutionnelle en France*, a écrit : Le meurtre du roi Louis XVI fut un acte du plus hideux matérialisme, de la plus honteuse profession d'ingratitude et de bassesse, de la plus roturière scélératesse et de l'oubli du passé. Rien, si ce n'est la soif de sang de ceux qui ont mis le roi à mort ne justifiait un tel sacrifice.

CHAPITRE 7

Témoignages des horreurs de la Révolution française

Tous ceux qui avaient fait le travail des sociétés secrètes et de leurs hommes de main pour s'emparer de la France ont ensuite été exécutés, certains de manière horrible et avec la plus grande cruauté, y compris Danton et Robespierre, on l'imagine, pour les réduire au silence de peur qu'ils ne soient un jour tentés de révéler qui étaient les personnes derrière la révolution.

Le meurtre, à l'époque comme aujourd'hui, était l'arme favorite employée contre ceux qui cherchaient à contrecarrer la volonté des "300".

Lord Acton, dans son essai sur la Révolution française, a fait cette observation :

> Ce qui est consternant, ce n'est pas le tumulte, mais la conception. À travers tout le feu et la fumée, nous percevons l'évidence d'une organisation calculatrice. Les dirigeants restent soigneusement dissimulés et masqués, mais leur présence ne fait aucun doute dès le départ.

Nous reviendrons sur le conflit russo-japonais de 1904, sur ceux qui l'ont mis en place, l'ont financé et sur leurs raisons, mais pour l'instant, en passant, nous citerons ce qu'a dit le rédacteur en chef du *New York Evening Post* le 9 décembre 1924 :

> Quelque part derrière le brouillard de la propagande, de sinistres mains invisibles cherchent à détruire les relations pacifiques entre la Russie et le Japon. Le Japon ne veut pas la guerre. L'Amérique ne veut certainement pas la guerre. Pourquoi alors

cette clameur perpétuelle selon laquelle le Japon est un ennemi qu'il faut surveiller, dont il faut se méfier, contre lequel il faut s'armer, et finalement combattre ?

De tous les personnages historiques des trois derniers siècles, aucun n'est plus connu que Napoléon. Pourtant, on ne dit pas grand-chose sur la façon dont il est passé de l'obscurité à la gloire.

Comme la plupart des personnes "adoptées" par les Rothschild, Napoléon est très pauvre lorsque Talleyrand le présente aux Rothschild. Il n'a pas l'argent nécessaire pour payer la facture de la blanchisserie et n'a qu'une seule chemise. Son uniforme lui avait été fourni par Joséphine de Beauharnais, qu'il épousa plus tard après que le comte Paul de Barras l'eut rejetée après avoir été sa maîtresse.

En 1786, Napoléon était un sous-lieutenant, un pauvre officier subalterne sans le sou, qui faisait du porte-à-porte à la recherche d'un emploi pour compléter sa solde. C'était une époque où les peuples d'Europe s'étaient lassés du triptyque théorique "Liberté, Égalité et Fraternité". Amschel est déçu que Weishaupt ait peu progressé dans sa lutte contre l'Église catholique, et il est à la recherche de "nouveaux talents". Le feu et l'ardeur du Corse ont suffisamment impressionné Amschel pour qu'il lui accorde les moyens de vivre décemment. H. Fischer, dans un article consulté au British Museum, écrit :

> "En 1790, Napoléon réussit, par des moyens jugés peu scrupuleux à l'époque, à se faire élire commandant en second de tout un bataillon."

Comment y est-il parvenu ? Charles MacFarlane, dans son ouvrage *The Life of Napoleon* (il se trouvait autrefois au British Museum, où j'ai pu le consulter), a jeté un peu de lumière sur cette "étonnante ascension vers le pouvoir".

Augustin Robespierre, le frère cadet du terrible Dictateur, avait fait la connaissance de Bonaparte lors de la prise de Toulon en 1798. Le fait est incontestable qu'il développa une intimité, ayant toutes les apparences d'une chaleureuse amitié avec Augustin, qui devait être tout aussi impitoyable que son frère aîné.

Selon l'autobiographie de Wolf Tone (Barry 1893), Robespierre était un illuministe.

Chrétien de nom, Napoléon a vite senti la haine du christianisme qui brûlait dans la poitrine d'Amschel, et il a donc eu recours à la simulation pour satisfaire son nouveau fournisseur d'argent. Il se retourne contre l'Église catholique. L'humiliation du pape est une perspective très plaisante pour Amschel, et l'argent commence à affluer dans les poches de Napoléon en quantités toujours plus importantes.

C'est ainsi qu'est expliquée sa "stupéfiante ascension au pouvoir", ses "étonnants succès" ! Comme on dit dans le langage moderne, les écrivains et biographes de Napoléon n'ont simplement pas suivi la piste de l'argent.

L'échec de Weishaupt à détruire l'Église catholique, le but pour lequel il avait été "construit" par Amschel, était exaspérant, mais lorsque Napoléon a été porté à son attention, toute l'œuvre lui a été confiée. La manière dont elle devait être accomplie a été planifiée dans les loges maçonniques de Paris fréquentées par Talleyrand et à Francfort par Amschel.

C'est Talleyrand qui a dit à Napoléon :

> La guerre est le seul moyen de détruire l'Église.

H.G. Wells l'a reconnu en qualifiant le génie corse de "démolisseur (de la révolution) dur, compétent, capable, doté d'initiative", mais il a omis de mentionner son bailleur de fonds, sans les masses d'argent duquel ces traits de caractère ne lui auraient pas servi à grand-chose.

Comme Kerensky, Trotsky, Disraeli, Lloyd George et Bismarck, Amschel s'est emparé de Napoléon alors qu'il n'avait aucune importance, et en a fait l'homme le plus important d'Europe.

Bien que H. G. Wells se soit plaint qu'il n'ait pas poursuivi la révolution, là n'était pas la question. Lorsque Amschel fait nommer Napoléon Premier Consul à vie par une large majorité de voix, le décor est planté pour lever le rideau sur l'Europe.

Tant qu'il a mené à bien la mission que lui avait confiée Amschel, à savoir la destruction des monarchies chrétiennes et de l'Église catholique, Napoléon a mené une vie enchantée, allant d'un succès à l'autre. *How Great Was Napoleon* est un excellent ouvrage de Sidney Dark que j'ai trouvé au British Museum, dans lequel il écrit :

> Napoléon, né sans aucun avantage de richesse ou de haute descendance, s'est rendu maître du monde avant l'âge de 35 ans et a terminé sa carrière d'impossibilité romantique inégalée à l'âge de 46 ans.

C'est oublier complètement les pouvoirs qui se cachent derrière Napoléon, Amschel et ses millions et les planificateurs à l'intérieur des loges maçonniques de Paris et de Francfort. Le 9 mars 1796, Napoléon épouse Joséphine de Beauharnais, une créole aux appétits sexuels insatiables qui avait déjà payé son uniforme.

Le mariage est arrangé par les Rothschild par l'intermédiaire du comte Paul de Barras qui a également nommé Napoléon commandant en chef de l'armée en Italie.

Joséphine était la maîtresse de Barras, mais, lassé d'elle, il a voulu mettre fin à leur relation. Pour éviter qu'elle ne jure de se venger de lui, le comte de Barras a fait en sorte qu'elle épouse Napoléon, ce qui n'est guère la tournure "romantique" donnée à l'occasion par pratiquement tous les auteurs sur la vie et l'époque de Napoléon.

Joséphine aide de Barras en lui fournissant des informations confidentielles que lui a communiquées son mari et qui, bien entendu, sont transmises directement aux Rothschild. Le couronnement de Napoléon en 1804 est traité avec indifférence par Amschel, mais il s'alarme lorsque le pape est invité. Les Rothschild sont consternés et en colère lorsque Napoléon divorce de Joséphine et épouse l'archiduchesse Marie-Louise en 1810. Les Rothschild reconnaissent que, dorénavant, il y aura de moins en moins de possibilités de détruire des royaumes et d'écraser l'Église catholique.

Dès 1810, les dés sont jetés contre Napoléon et James Rothschild s'attelle à la tâche de ruiner leur ancien héros.

L'histoire complète de la désillusion progressive de Napoléon, de son réveil en découvrant qu'il ne se battait pas pour la France, mais plutôt pour une puissance étrangère afin de renforcer son emprise sur la nation comme la conséquence nécessaire de la révolution, le rôle des Illuminati et des francs-maçons dans son incroyable ascension, l'ont rendu de plus en plus furieux.

Sa prise de conscience a été lente et douloureuse, mais une fois son esprit ouvert à la vérité, Napoléon a commencé à se rebeller contre ses contrôleurs. Dans son ouvrage intitulé *History of Napoleon*, G. Bussey affirme que Napoléon a changé, a perdu son désir féroce de guerre et a déclaré :

« Dieu merci, je suis en paix avec le monde. »

Les Rothschild n'avaient plus besoin de leur ancien outil. Ils financèrent et mirent en place un front appelé "Ligue contre Napoléon". Les mentors que Napoléon avait commencé à négliger se retournent maintenant contre lui. Karl Rothschild s'empressa alors d'envenimer les relations entre le Pape et Napoléon, qui à l'insu de ce dernier, ordonna l'arrestation du Saint-Père par le général Radet. Le Pape réagit par l'excommunication de l'Empereur.

Napoléon avait essayé de gagner les faveurs du pape. Il sent le sol se dérober sous ses pieds alors que les événements, les uns après les autres, se retournent contre lui. Une tentative d'assassinat par l'agent Illuminati Stapps est déjouée par la vigilance du général Rapp.

La campagne de Russie est en proie à des problèmes d'approvisionnement et au manque de nourriture. Napoléon n'a pas compris qu'il s'agissait d'un sabotage délibéré de son armée. Il est contraint d'ordonner une retraite de Moscou, au cours de laquelle des milliers de soldats mourant de leurs blessures et du froid sont impitoyablement abattus par les agents de Rothschild arrivant sur leurs arrières.

Les pertes de vies chrétiennes sont terribles. L'échec de la conquête du pape inquiète sérieusement Napoléon, dont la confiance s'amenuise. Il a noté ceci :

> Le pape aurait pu être conquis comme moyen supplémentaire de lier les parties fédérées de l'Empire. J'aurais dû avoir mes sessions religieuses aussi bien que mes sessions législatives. Mes conseils auraient constitué les représentants de la chrétienté, et le successeur de saint Pierre en aurait été le président.

Trop tard, car Karl Rothschild avait déjà veillé à ce qu'un tel plan ne réussisse pas. Aucun historien ne peut dire pourquoi Napoléon a attaqué la Russie en 1812. Les théories abondent, mais aucune n'est fondée. Alexandre Ier a déclaré à ce sujet :

> "Napoléon m'a fait la guerre de la manière la plus odieuse et m'a trompé de la manière la plus perfide".

De son côté, Napoléon a confié au général Gourgaud :

> Je ne voulais pas faire la guerre à la Russie. Bassano et Champagny [ministres des Affaires étrangères] m'ont persuadé que la note de la Russie était une déclaration de guerre. Je pensais vraiment que la Russie voulait la guerre. Quels étaient les véritables motifs de la campagne en Russie ? Je ne le sais pas, peut-être l'Empereur lui-même n'en savait-il pas plus que moi.

Les Rothschild ont ruiné Napoléon à la bataille de Waterloo. Il a été trahi par le maréchal Soult, un homme avec lequel il s'était lié d'amitié, mais qui était à la solde des Rothschild. Napoléon avait fait de Soult le duc de Dalmatie avec un salaire de plusieurs millions de francs et l'avait nommé maréchal des logis. À Waterloo, Soult ne réussit pas à prendre et à tenir Genappe, un village important pour ancrer le flanc de l'armée de Napoléon.

Pire encore, le maréchal Grouchy, censé apporter des renforts, arriva 24 heures trop tard, alors qu'il avait entendu les canons et savait que la bataille avait été déclenchée. De Soult, Napoléon se plaint amèrement :

> Soult, mon commandant en second à Waterloo, ne m'a pas aidé autant qu'il aurait pu le faire... Son personnel, en dépit de mes ordres, n'était pas organisé. Soult se décourageait très facilement... Soult ne valait rien. Pourquoi, pendant la bataille, n'a-t-il pas maintenu l'ordre à Genappe ?

Pire encore, le matin de la bataille, un ennemi au sein de l'état-major personnel du Corse a mis dans son petit-déjeuner une substance qui lui a causé une terrible migraine. Tel est le pouvoir des Rothschild et de la falsification de l'histoire ; sans la trahison et les actes de trahison commis à son encontre, Napoléon aurait battu Blücher et Wellington à plate couture. Soult a bien servi ses maîtres ; ils lui ont donné quelques-unes des plus hautes fonctions en France. Le fait qu'il soit le père de Bismarck a souvent été suggéré, mais jamais prouvé. À une époque, la mère de Bismarck était la maîtresse de Soult, ce que Bismarck a lui-même confirmé :

> Ce ne sont pas mes talents ou mes capacités qui m'ont rendu grand, mais le fait que ma mère était la maîtresse de Soult [l'un des 300] qui m'ont tous aidé.

Bismarck a été "fabriqué" par les Rothschild par l'intermédiaire des Menken. Son père, William, avait épousé une Louise Menken, dont le comte Cherep-Spiridovich disait qu'elle était juive. Le maréchal Soult, qui a trahi Napoléon à Waterloo, était membre du Comité des 300, qui a occupé les plus hautes fonctions en France jusqu'à sa mort.

Soult était souvent présent dans la résidence de campagne de William Bismarck et était largement considéré comme le père du jeune Bismarck. C'est cette "emprise" sur la mère de Bismarck qui a maintenu le jeune Bismarck sous le contrôle de James Rothschild. En 1833, Bismarck a connu des temps difficiles et risquait de perdre sa propriété. Par l'intermédiaire de Disraeli, James Rothschild se lie d'amitié avec le jeune Bismarck et cherche à en faire un futur dirigeant "conservateur" de l'Europe. Oscar Arnim, membre du Reichstag, épouse la sœur de Bismarck, Malian.

Après le mariage, Bismarck était totalement sous la direction de Lionel Rothschild. Le fait que Bismarck en était conscient est révélé dans une déclaration faite par Walter Rathenau en 1871 :

> À ceux qui s'obstinaient à traiter Bismarck comme un grand génie politique, un homme du destin, marqué, comme Napoléon du sceau d'une prédestination tragique, Bismarck répétait qu'il

ne croyait pas aux grands hommes providentiels ; que selon sa conviction, les célébrités politiques devaient leur réputation, sinon au hasard, du moins à des circonstances qu'elles n'auraient pu elles-mêmes prévoir.

CHAPITRE 8

Bismarck révèle les « hautes sphères financières qui dominent l'Europe »

Bismarck savait certainement que la guerre civile américaine était fomentée par ce qu'il appelait "les grandes puissances financières d'Europe". Cela est confirmé par le remarquable récit publié par Conrad Siem dans *La Vieille France*, N 216, en mars 1921.

Selon Siem, Bismarck s'est entretenu avec lui en 1876 au sujet de la guerre civile :

> La division des États-Unis en deux fédérations a été décidée bien avant la guerre civile par les grandes puissances financières d'Europe. Ces banquiers avaient peur que les États-Unis, s'ils restaient en un seul bloc et en une seule nation, atteignent une indépendance économique et financière, ce qui bouleverserait leur domination sur le monde. La voix des Rothschild prédomine.
>
> Ils voyaient un formidable butin s'ils substituaient deux faibles démocraties qui leur étaient redevables à la vigoureuse République, confiante et autonome.
>
> Lincoln n'a jamais soupçonné ces machinations souterraines. Il était anti-esclavagiste, et il a été élu comme tel. Mais son caractère l'empêchait d'être l'homme d'un seul parti. Lorsqu'il a eu les affaires en main, il a compris que ces sinistres financiers d'Europe, les Rothschild, voulaient faire de lui l'exécuteur de leurs desseins. Ils ont rendu imminente la rupture entre le Nord et le Sud ! Les maîtres de la finance en Europe ont rendu cette rupture définitive afin de l'exploiter au maximum…
>
> La personnalité de Lincoln les a surpris. Ils pensaient duper

facilement le candidat bûcheron. Sa candidature ne les inquiétait pas. Mais Lincoln vit clair dans leurs complots et comprit vite que le Sud n'était pas le pire ennemi, mais les financiers. Il ne confie pas ses appréhensions, il surveille les gestes de la Main Cachée. Il ne souhaite pas exposer publiquement ce qui pourrait déconcerter les masses ignorantes.

Il décide d'éliminer les banquiers internationaux en établissant un système de prêts, permettant aux États d'emprunter directement auprès du peuple sans intermédiaire.

Il n'a pas étudié la finance, mais son robuste bon sens lui a révélé que la source de toute richesse réside dans le travail et l'économie de la nation. Il s'est opposé aux émissions de billets par les Financiers Internationaux. Il obtient du Congrès le droit d'emprunter au peuple en lui vendant les obligations des États.

Les banques locales étaient trop heureuses d'aider un tel système et le gouvernement et le peuple ont échappé aux complots des financiers étrangers. Ils ont tout de suite compris que les États-Unis échapperaient à leur emprise. La mort de Lincoln a été résolue. Rien n'est plus facile que de trouver un fanatique résolu à frapper. La mort de Lincoln est un désastre pour la chrétienté.

Il n'y avait aucun homme aux États-Unis assez grand pour porter ses bottes. Les financiers internationaux sont repartis à l'assaut des richesses du monde. Je crains qu'avec leurs banques, leur roublardise et leurs ruses tortueuses — ils ne contrôlent entièrement les richesses exubérantes de l'Amérique et ne les utilisent pour corrompre systématiquement la civilisation moderne. Je crains qu'ils n'hésitent pas à plonger l'ensemble de la chrétienté dans les guerres et le chaos, afin que la terre devienne leur héritage.

(Je tiens à répéter que la préparation de cet ouvrage a nécessité dix mois de recherches intensives sur ce sujet particulier au British Museum. Les livres dont les sources sont citées, tels que *Talks With Napoleon at St. Helena* et *Propaganda in the Next War* et les ouvrages de John Reeves — et beaucoup d'autres mentionnés peuvent ne plus être disponibles).

La Russie suscite une haine particulière chez les Rothschild qui se dressent contre la famille Romanov. La fille de Tiesenhaus, un éminent historien allemand, a écrit qu'elle partageait la méfiance de son père à l'égard du Tsar :

> ... Mais après l'avoir rencontré, comme beaucoup d'autres, elle a été impressionnée par la franchise, l'énergie et la noblesse de caractère d'Alexandre. Cette impression s'est transformée en une amitié loyale et dévouée. (Empereur Alexandre — Mme de Choiseul-Guffress)

Selon le comte Cherep-Spiridovich, Nathan Rothschild a essayé de fomenter une révolution en Russie, mais n'y est pas parvenu, et Lionel a avoué à Disraeli qu'elle était préparée en Allemagne :

> « Les principaux agents de James Rothschild III ont été mobilisés contre le tsar Nicolas Ier pour provoquer une guerre à la Crimée, mais ils n'ont pas réussi à gagner, alors ils ont empoisonné Nicolas Ier en 1855. » (British Museum Papers, Hidden Hand, page 119)

Dans ces événements capitaux, Disraeli a joué un grand rôle, soit comme "confesseur", soit comme conseiller des Rothschild. La façon dont les Rothschild ont pris le contrôle de Marie Louise est racontée par Mme Edith E. Cuthell dans son livre, *An Imperial Victim* : En décembre 1827, Marie Louise, la veuve de Napoléon Ier, a obtenu de Rothschild un prêt de dix millions de francs.

Le 22 février 1829, elle perd son mari, le comte Neipperg, ce qui reste un mystère pour tous les historiens.

Le prince Metternich, qui n'avait été qu'un simple "commis" de Salomon Rothschild de Vienne, dit à Bombelles, un autre protégé de Rothschild, qu'il souhaitait un homme capable de guider le caractère faible de Marie Louise. Bombelles devient le confident de Marie Louise, puis l'épouse.

Les Rothschild ont désormais le contrôle total de la veuve de Napoléon par l'intermédiaire de Bombelles qui a conquis son cœur alors qu'elle était encore comtesse Neipperg.

Selon l'auteur Edmond Rostand, Bombelles était extrêmement beau. En parlant de Bombelles, Mme E.E. Cuthwell le décrit ainsi :

> Il a encore plus d'ambition. Avec sa voix douce, il murmurait à

l'oreille des femmes. Bombelles souhaitait épouser une Mlle Cavanaugh, qui avait de l'argent. Il a atteint son but. Sa femme mourut, lui léguant son cœur dans un étui de plomb. Il l'enterra. Un an plus tard, il eut une passion désespérée pour une autre riche héritière, qui le refusa. (*Une victime impériale*, page 321)

Après la mort de Marie, Louise Bombelles est nommée contrôleuse de l'empereur d'Autriche.

> Des rumeurs selon lesquelles elle serait morte empoisonnée circulèrent à Parme et se répandirent encore. (Page 373)

Le comte Cherep-Spiridovich raconte ce qui s'ensuivit :

> Bombelles, soutenu par Salomon et son commis, Metternich, fut nommé " éducateur " du futur empereur d'Autriche, François-Joseph. Bombelles fut l'auteur responsable de la plus terrible déloyauté, bassesse et cruauté de l'Autriche, qui commença à étonner le monde entier à partir de 1848, lorsque François-Joseph, âgé de dix-huit ans seulement, devint empereur de jure, et que Bombelles fut la "puissance derrière le trône" recevant et exécutant les ordres de Rothschild. Leur premier acte fut de trahir leur parole à Nicolas Ier qui posa comme condition "sine qua non" la clémence pour le général hongrois Sheezeny et ses troupes. François-Joseph les a étranglés, dès que les troupes russes ont quitté l'Autriche. (*La main cachée*, page 123)

Les Rothschild n'étaient pas seulement des prêteurs d'argent, mais aussi des spéculateurs. Le plus grand domaine d'intérêt pour eux était la construction des chemins de fer d'Europe et de Russie, qu'ils ont saisis et conservés. Dans un compte rendu de cet effort contenu dans les documents du British Museum, James Rothschild a obligé la France à accepter le financement de son chemin de fer du Nord :

> Le gouvernement a pris sur lui l'obligation de dépenser 100 millions de francs afin de construire la plate-forme. James a consenti à dépenser 60 millions en fournissant des wagons, etc.
>
> Il a reçu pendant 40 ans 17 millions par an à titre de revenus, soit 620 millions d'intérêts plus le principal de 60 millions. Dans cette entreprise les Rothschild ont utilisé 60 millions de l'argent de leurs déposants pour lesquels ils ont payé 4% d'intérêt, soit

2.400.000 par an, obtenant ainsi 14.600.000 francs par an pour leur signature. *Le Journal des Débats*, pour tromper la nation, affirme en juillet 1843 que Rothschild était ruiné. La presse française jouait déjà le rôle d'agent provocateur cinquante ans avant le scandale de Panama. Les Rothschild convoitaient à tout prix cette riche proie que sont les chemins de fer. Pour un temps, le gouvernement français a traversé une période d'honnêteté et a eu la témérité d'endiguer leur prédation.

En 1838, M. Martin, de la compagnie de chemin de fer du Nord, a proposé au Parlement un réseau de chemins de fer à construire par l'État. Si le plan de M. Martin, basé sur les deux piliers du monopole bancaire et du transport, avait été approuvé par le Parlement, la féodalité financière aurait été tuée dès le début. Mais les Rothschild, par le biais de la presse qu'ils contrôlaient, ont trouvé le moyen d'acquérir les chemins de fer. En 1840, les lignes de l'Ouest et du Sud ont été concédées aux Rothschild et aux Fould.

(Les Fould étaient des banquiers internationaux stratégiquement placés en France pour exécuter les ordres des Rothschild). En 1845, toutes les grandes lignes appartenaient à ces deux compagnies. L'un des journalistes les plus incisifs sur les Rothschild était John Reeves qui a écrit le livre *The Rothschilds — The Financial Rulers of Nations*. Les commentaires suivants, tirés du livre, montrent à quel point Reeves était incisif et a su percer le rideau de mystère entourant les Rothschild, dont les observations sur Nathan Rothschild sont peut-être sans égal :

> Le montant de la fortune qu'il a laissée est toujours resté secret. L'entreprise devait être dirigée par les quatre fils en collaboration avec leurs oncles à l'étranger. À chacune de ses filles, il a laissé 500 000 dollars, qui devaient être confisqués si elles se mariaient sans le consentement de leur mère et de leurs frères.
>
> Il n'y a pas eu de legs à ses employés ni de legs de charité.... la première fois que Nathan a aidé le gouvernement anglais, c'était en 1819, lorsqu'il a souscrit le prêt de 60 millions de dollars. De 1818 à 1832, Nathan a émis huit prêts pour la somme de 105 400 000 dollars.
>
> Avec l'Espagne, ou les États d'Amérique du Sud qui avaient

autrefois reconnu le drapeau espagnol, il n'aurait jamais rien à faire. L'explication de certains historiens est que c'était à cause de l'Inquisition espagnole. Une des causes de son succès était la politique tortueuse avec laquelle il trompait ceux qui l'observaient.

En 1831, Nathan Mayer prend le contrôle des mines de mercure d'Idria en Autriche, et simultanément des mines similaires d'Almadena, en Espagne. Ainsi, tout le mercure, indispensable comme médicament, était entre ses mains, et il en doubla et tripla le prix. Cela eut des conséquences terribles sur les malades et des souffrants de toutes les nations...

Un autre reporter précis des Rothschild est M. Martin dont le livre *Stories of Banks and Bankers* donne quelques faits intéressants. Nathan ne payait jamais à ses employés un centime de plus que ce qui était nécessaire à leur subsistance, ou du moins pas un sou de plus que ce qu'ils le contraignaient à payer.

En écrivant sur Lionel Rothschild, Reeves a fait les commentaires suivants dans son livre, pages 205-207 :

> Lionel a concentré ses pensées exclusivement sur la consolidation de son immense fortune. Une grande prudence marquait ses entreprises. Lionel était particulièrement actif dans les négociations d'emprunts étrangers, car cette activité à la fois lucrative et relativement sans risque était celle qu'il préférait à toutes les autres. Au cours de sa vie, sa société a été intéressée par l'émission de pas moins de dix-huit emprunts d'État, pour un montant total de sept cents millions de dollars. Entrer dans les détails de ces transactions reviendrait à retracer l'histoire financière de l'Europe.

Pour comprendre comment les Rothschild ont prospéré, en particulier dans leur domaine d'expertise particulier, à savoir les prêts d'argent aux gouvernements d'Europe et du monde entier, j'ai examiné le travail de John Reeves, dont nous avons souvent cité le livre et auquel nous continuerons de nous référer dans la suite de cet ouvrage, ainsi que les sources contenues dans les documents du British Museum.

CHAPITRE 9

Un aspect très négligé de l'esclavage des nègres en Amérique

Avant d'aborder l'aspect du succès des prêts d'argent en Amérique, tel qu'il est pratiqué par les Rothschild, j'aborderai la question de l'esclavage qui s'est posée ces dernières années. Certains disent que les descendants des Noirs devraient être indemnisés pour les privations subies par leurs ancêtres.

Il s'agit d'une question importante étant donné que les Rothschild ont utilisé l'esclavage comme prétexte pour fomenter la guerre civile américaine. L'idée serait venue de Benjamin Disraeli, Lionel et James, qui se sont mis à table après le mariage de la fille de Lionel, pour lequel tous les Rothschild s'étaient réunis à Londres. Selon le comte Cherep-Spiridovich :

> ... Les Rothschild ont planifié et délibérément provoqué la guerre civile américaine.

Bien que des conflits existaient depuis 1812 entre le Sud et le Nord, la guerre n'aurait peut-être jamais eu lieu sans la main cachée des Rothschild.

En manipulant et en enflammant les passions, le conflit devint un motif de guerre, même si le Sud commença à se rendre compte que l'esclavage ne présentait pas un avantage économique.

L'esclavage n'aurait jamais dû être autorisé aux États-Unis, mais hélas, il l'avait été. Il existe différents types d'esclavage. En Europe, les pauvres vivaient dans l'esclavage de la pauvreté abjecte et de la dégradation de leur condition d'existence. En

Angleterre et en Irlande, c'était à peu près la même histoire. Les pauvres vivaient dans des conditions terribles. Leurs fils étaient conscrits pour servir dans les forces armées et des millions d'entre eux ont perdu la vie.

Les généraux britanniques, en particulier Lord Douglas Haig, étaient connus pour leur manque d'intérêt pour les lourdes pertes qu'ils subissaient. En Irlande, des millions de personnes sont mortes de faim. Alors que l'esclavage aurait dû être universellement condamné, il était néanmoins toléré en Amérique, mais comparativement, les classes pauvres d'Europe, d'Irlande et d'Angleterre ont subi des épreuves aussi grandes que les esclaves d'Amérique.

On se demandait à l'occasion si les esclaves d'Amérique voudraient bien changer leur condition avec celle des esclaves d'Irlande et d'Angleterre. Mais la main cachée des Quakers et des "abolitionnistes" continuaient à faire battre le tambour de calomnies contre le Sud jusqu'à ce que les démons, qui avaient inventé toute la question de l'esclavage pour la faire éclater, obtiennent gain de cause.

Les esclaves noirs d'Amérique n'étaient généralement pas soumis à des conditions aussi épouvantables. Ainsi, lorsque nous examinons les descriptions parfois exagérées de l'esclavage en Amérique, telles qu'elles ont été écrites, prêchées et exposées par les abolitionnistes et les Quakers, nous devons admettre, si nous sommes impartiaux, que, comparativement, les esclaves noirs américains étaient bien mieux traités que les pauvres en Europe et en Grande-Bretagne :

> Au début du XIXe siècle, la Grande-Bretagne, en raison des faux principes de gouvernement, de la culture ignorante et aveugle du commerce et des industries, avait l'apparence d'un État poussé aux extrêmes les plus opposés et les plus contradictoires.
>
> Se targuant de posséder la constitution la plus libre d'Europe, l'Angleterre dissimulait pourtant la plus grande tyrannie ; possédant des richesses illimitées, elle laissa pourtant la pauvre paysannerie d'Irlande mourir de faim, tandis que les privations et la détresse qui régnaient parmi les classes laborieuses étaient

si grandes et indescriptibles qu'elles menaçaient de se terminer par des émeutes et des rébellions.

Les difficultés endurées par les classes les plus pauvres étaient aggravées par l'état honteux de notre système politique. La moralité était au rabais, la corruption et l'intrigue étaient à l'ordre du jour. Les pensées de tous étaient tournées vers l'oubli total des souffrances d'autrui.

La corruption était si répandue que l'indépendance de la Couronne et celle des circonscriptions étaient menacées. (Sir William Molesworth)

En 1797, les banques anglaises se sont trouvées profondément embarrassées, principalement en raison des exigences du gouvernement, qui empruntait des millions chaque année pour la guerre et pour soutenir par des subventions la moitié des puissances continentales. (John Reeves, *The Rothschilds*, page 162)

Il semblerait que même les Rothschild ne pouvaient croire à leur bonne fortune. Le personnage, "Sidonia", créé par Disraeli dans son roman *Coningsby* et qui était en fait basé sur Nathan Rothschild disait :

Peut-on imaginer quelque chose de plus absurde que de voir une nation s'adresser à un individu pour maintenir son crédit, et avec son crédit, son existence en tant qu'empire ? (Page 248)

Cette phrase décrit très précisément les banquiers Rothschild et leur emprise sur le gouvernement britannique par le biais de prêts importants.

Pas étonnant que le président Garfield ait dit un jour : Celui qui contrôle l'argent contrôle cette nation. La progéniture des Rothschild a perpétué cette tradition. Par exemple, Lionel Rothschild a financé le projet de canal de Suez du gouvernement britannique. Il est plus que probable que sans le soutien financier de Lionel, le canal de Suez n'aurait peut-être pas été creusé.

C'est Lionel Rothschild qui a versé les 20 millions de dollars que le gouvernement britannique a payés pour les terres achetées au khédive. Mais comme dans toutes leurs entreprises, Lionel a exigé et obtenu un rendement élevé, 500 000 livres pour quelques avenants qui n'ont pris que quelques heures de son temps.

Bien plus tôt, Mayer Amschel a estimé qu'il serait avantageux pour les Rothschild d'envoyer son fils Nathan en Angleterre, où il s'est installé à Manchester. Selon Sir Thomas Buxton, la raison pour laquelle Amschel a choisi d'envoyer Nathan vivre à Manchester a déjà été partiellement expliquée dans le présent ouvrage.

De nombreux fabricants anglais ont envoyé en 1789 un homme à Francfort pour proposer leurs marchandises. La ruse des Rothschild consistait à le garder longtemps, puis à lui donner la plus grosse commande pour l'Allemagne.

Entre-temps, Nathan est envoyé à Manchester, où il achète tout le coton et les colorants disponibles. Lorsque le représentant revient à Manchester avec des commandes, les fabricants doivent s'adresser à Nathan pour obtenir ces matériaux et il leur fait payer le triple du prix et refuse même de vendre la marchandise, les obligeant ainsi à payer d'énormes "dommages et intérêts" à son père. Ensuite, il apportait le coton et les teintures à des fabricants qui les fabriquaient pour lui au prix le plus bas. Cette astuce de base a ruiné de nombreuses personnes à Manchester.

Ce pillage indigna tout Manchester. Nathan, effrayé, se réfugia à Londres, où la Bourse de Londres offrait un champ plus vaste à son talent d'exploiteur. Plus tard, aucun des membres de la Bourse ne pouvait se vanter, comme Nathan, d'avoir multiplié son capital par 2500 en l'espace de cinq ans. (John Reeves, *The Rothschilds*, page 167)

Une autre raison pour laquelle Nathan se rendit soudainement à Londres est donnée dans les documents mentionnés au British Museum :

> La raison est également que Guillaume IX de Hesse-Cassel (1785-1821) a été persuadé par Amschel de transférer ses affaires à Londres, de la banque de van Notten aux mains de Nathan. Bien sûr, "accidentellement", toute une bande d'Illuminati de Francfort a accompagné Nathan à Londres pour essayer de faire la même chose, mais les Britanniques étaient trop intelligents pour être trompés.

Lorsque la France a envahi l'Allemagne, Guillaume IX [dénommé depuis l'Électeur] a donné 3 000 000 de dollars à Amschel, qu'il a envoyés à Nathan à Londres pour éviter qu'ils ne tombent entre les mains de Napoléon. À ce moment-là, la Compagnie des Indes disposait de 4 millions de dollars en or. Nathan l'a acheté et a augmenté son prix. Il s'est accaparé l'or à Londres. Cet arrangement a perduré et même aujourd'hui, N.M. Rothschild fixe le prix de l'or sur une base quotidienne chaque matin, et le "fixing" Rothschild est accepté comme le prix "officiel" de l'or dans le monde entier.[2]

Il [Nathan] savait que le duc de Wellington en avait besoin. Nathan a également acheté les billets du Duc avec une forte réduction. Le gouvernement demanda à Nathan de lui prêter son or et celui-ci le transféra au Portugal. Nathan prêta son or et celui-ci lui fut rendu, mais il exigea le remboursement des billets du duc à leur valeur totale. Il a ainsi gagné 50%. Puis il prêta à nouveau son or à 15% et le reçut en retour et le transporta au Portugal au prix d'une commission énorme.

Le Duc avait besoin de cet or pour payer les pourvoyeurs de son armée qui étaient tous des Juifs portugais, espagnols et hollandais. Ainsi, pas une seule livre d'or n'a été reçue par Wellington, seulement des ordres aux agents de Nathan au Portugal, qui étaient payés par Rothschild à Francfort. Cette opération a rapporté 100% à Nathan. Ainsi, les Rothschild ont réalisé des profits colossaux avec l'argent du Landgrave tout en gardant tout pour eux-mêmes. (Maria O'Grady et John Reeves)

Comme je l'ai dit plus tôt, les descendants de Mayer Amschel sont devenus les hommes les plus puissants du monde. L'exemple, peut-être plus que tout autre, qui marque la vérité de cette observation est le récit de la façon dont James Rothschild a vaincu Nicolas Ier de Russie. Il s'est tourné vers le révolutionnaire russe, Hertzen :

Le célèbre auteur, Alexander Hertzen, l'un des pionniers

---

[2] Les Rothschild se sont retirés du fixing quotidien depuis 2004, NDT.

(fomenteurs) du mouvement révolutionnaire russe a été contraint de quitter le pays. (En fait, il a été contraint de fuir la Russie quelques heures seulement avant la police). Il est arrivé à Londres, où il a lancé un journal russe appelé *The Bell*. Hertzen, cependant, était un homme riche qui, avant de s'exiler, avait converti ses biens en obligations d'État. Le gouvernement russe connaissait les numéros des obligations de Hertzen, et lorsqu'elles furent présentées pour paiement à l'arrivée de l'exilé à Londres, Nicolas Ier, espérant ainsi écraser son ennemi, ordonna à la banque gouvernementale de Saint-Pétersbourg de refuser le paiement.

La Banque a naturellement obéi. Mais heureusement pour Hertzen, il a trouvé un important soutien en l'aîné des Rothschild. Ce dernier a informé le tsar que, comme les obligations de Hertzen étaient aussi bonnes que toutes les autres obligations russes, il était contraint à contrecœur de conclure à l'insolvabilité du gouvernement russe.

Si les obligations n'étaient pas payées immédiatement il déclarerait la faillite du tsar sur tous les marchés monétaires européens. Nicolas a été battu. Il a mis sa fierté dans sa poche et a payé les obligations. Hertzen lui-même raconte l'histoire dans *The Bell* sous le titre "Le roi Rothschild et l'empereur Nicolas Ier". (*The Fortnightly Review*, par le Dr A.S. Rappaport, page 655)

Ces récits montrent à quel point la légende selon laquelle Amschel Rothschild aurait gagné son argent en tant que prêteur sur gages s'effrite devant la réalité, et pourtant le mythe perdure selon lequel le prêt sur gages était à l'origine de la richesse de Rothschild. On peut désormais affirmer que cette affirmation n'a que très peu de substance, voire aucune.

En parlant de Lionel sous le nom fictif de "Sidonia", Disraeli a donné de nombreux indices sur la véritable personnalité de son maître :

"Il était impossible de le pénétrer. Sa franchise était strictement limitée à la surface. Il observait tout, bien que trop prudent, mais évitait les discussions sérieuses. C'était un homme sans affection."

Selon John Reeves :

... Les frères Rothschild, pleinement conscients de ses capacités intellectuelles supérieures, reconnaissaient volontiers Nathan Mayer comme le plus apte à diriger toutes leurs transactions importantes. (*Les Rothschild*, page 64)

Parmi les nombreux faits intéressants que j'ai découverts au British Museum de Londres, l'un des plus intéressants est l'histoire des fondateurs de ce qui allait devenir l'une des plus grandes machines de propagande que le monde ait jamais connues. Je veux parler du Tavistock Institute for Human Relations, qui est devenu le premier groupe de réflexion sur le lavage de cerveau de l'élite dirigeante de Grande-Bretagne. Le Tavistock Institute est devenu une énorme organisation, qui domine aujourd'hui les États-Unis et la Grande-Bretagne. Cette vaste organisation a vu le jour en 1914 à Wellington House, à Londres, au début de la Première Guerre mondiale.

Organiser une machine de propagande qui persuaderait un peuple britannique réticent de considérer la guerre avec l'Allemagne comme nécessaire à la survie du mode de vie britannique n'était pas une tâche facile, car à l'époque, la majorité du peuple ne souhaitait pas la guerre avec l'Allemagne et s'y opposait fermement. Lord Northcliffe et Lord Rothmere sont chargés de l'entreprise de propagande. En fait, les deux hommes sont directement liés aux Rothschild par mariage.

L'une des trois filles de Nathan Rothschild II était Charlotte, née en 1807 qui a épousé son cousin Anselm Salomon, fils de Salomon, le deuxième enfant d'Amschel et de Caroline Stern des Stern de Francfort. Les Stern étaient directement liés aux Harmsworth d'Angleterre, dont l'un est devenu "Lord Northcliffe" et l'autre "Lord Rothmere".

Pour plus de détails sur l'Institut Tavistock, lisez : *L'Institut Tavistock des relations humaines*.

Jacob (James) Rothschild était sans aucun doute l'homme le plus important de France, ayant mis le pied à l'étrier de nombreux hommes politiques et dirigeants français qui lui devaient leur position. Il avait parcouru un long chemin depuis le garçon de treize ans qui n'était guère allé à l'école, accompagnant plutôt son père Mayer Amschel dans les nombreux voyages qu'il faisait à travers l'Allemagne.

Là, il est exposé aux restrictions imposées aux Juifs qui voyagent au-delà des frontières des principautés, étant contraints de payer un Liebzoll, un impôt de capitation, à chaque fois. James a toujours souhaité quitter Francfort et suivre son frère Nathan à Londres, mais au lieu de cela, Amschel l'envoie à Paris. Il quitte Francfort pour cette ville en mars 1811. Son arrivée à Paris n'est pas passée inaperçue auprès du ministre des Finances Mollien qui l'a signalée à Napoléon :

> Un homme de Francfort qui se trouve actuellement à Paris et qui se fait appeler Rotschild (sic) s'occupe principalement de faire passer des guinées de la côte anglaise à Dunkerque.

François-Nicholas Comte Mollien était le principal conseiller de Napoléon, occupant le poste de ministre des Finances de 1806 à 1814.

L'arrivée de James a dû être un événement important pour Napoléon, qui ne pouvait pas savoir quel rôle important James Rothschild allait jouer dans sa chute. Bien sûr, les Rothschild n'étaient pas seulement engagés dans la contrebande, même si cette activité était très répandue et très lucrative pour eux. Lorsque les Britanniques ont bloqué la France, Mayer Amschel y a vu une occasion rare de faire fortune, et il l'a fait, en or.

> À vingt-deux ans, James était un jeune homme peu séduisant, aux manières presque serviles. Certains de ses contemporains ne sont pas aussi aimables. Castellane, qui forme avec Mirabeau et Clément-Tonnerrre la haute noblesse de Paris, trouve Jacques affreusement laid, alors qu'il est l'Adonis des Rothschild".
> (*Baron James*, Anka Muhlstein, page 61)

D'autres étaient encore plus sévères :

> Un visage monstrueux, le plus plat, le plus aplati, le plus effrayant des visages de batracien avec des yeux injectés de sang, des paupières gonflées, et une bouche baveuse fendue comme une tirelire, une sorte de satrape d'or, c'est Rothschild.
> (Goncourts, *Journal* Paris 1854 Vol. Ill, 7)

James a mis le cap sur Paris en 1814 lorsqu'il a demandé au tribunal de commerce d'accepter l'enregistrement de sa maison de banque.

Auparavant, il n'avait agi qu'en tant que représentant du "siège" de Francfort. Cela n'a pas altéré le lien solide entre lui, Londres et Francfort, mais l'a plutôt formalisé et lui a donné un statut plus important à Paris. Il se lance maintenant dans la collecte d'impôts pour le Trésor français et s'engage dans le prêt d'argent à grande échelle.

Lorsque la fortune du roi changeait, et à travers la Restauration (les 100 jours de Napoléon), peu importe qui était à la tête des affaires, tous étaient redevables à James Rothschild.

Il semblait capable de changer de camp sans perdre une once de visage ou d'influence.

La fin de Napoléon à Waterloo, orchestrée par son frère Nathan depuis Londres, a eu pour conséquence une relation très profitable avec le roi Louis, dont le retour au pouvoir a été rendu possible par les Rothschild qui ont prêté les capitaux nécessaires. L'affaiblissement de Napoléon et de son gouvernement est l'œuvre des Rothschild, qui bénéficient désormais de la prime apportée par la Restauration.

L'aversion à peine dissimulée de Napoléon pour les Juifs a contribué à sa chute. Les Rothschild avaient vécu dans la crainte de Napoléon après qu'il eut refusé d'attaquer les rois et les nations chrétiennes. La paix revenue, les prêts bancaires sont devenus la plus grande et la meilleure opportunité de faire de l'argent, et les Rothschild l'ont exploitée au maximum.

CHAPITRE 10

Nathan Rothschild solde la dette française

Le gouvernement français devait régler ses indemnités de guerre et pour cela, il devait emprunter de l'argent. En prêtant à Louis XVIII l'argent nécessaire à un retour triomphal, mais digne, Nathan Rothschild assure une "place au soleil" à James. La somme d'argent est réputée être de 5 millions de francs.

Fidèle aux enseignements du vieux Mayer Amschel, Nathan ne fait rien sans rien. Son plan de jeu pour l'emprunt consistait à obliger le roi à ouvrir les portes pour que Jacques puisse entrer dans les hautes sphères de la société, à la tête desquelles se trouvait le duc de Richelieu, Premier ministre de Paris.

Au début, Richelieu résiste, mais il ne se doute pas de la persistance de Nathan. De fortes pressions furent exercées sur lui par le marquis d'Osmond, ambassadeur de France à Londres, et par le comte Esterhazy, ambassadeur d'Autriche, tous deux lourdement endettés auprès de Nathan. Finalement, bien qu'extrêmement irrité par ces pressions inconvenantes, de Richelieu consenti à recevoir James. Les choses ne s'arrêtèrent pas là.

Ensuite, James a mis le chef de la police Decazes dans sa poche en lui fournissant des "informations spéciales", qui lui venaient de la famille allemande von Thurn et Taxis, qui détenait le contrat du courrier. Ils ouvraient simplement le courrier intéressant les Rothschild et relayaient ensuite le contenu à James à Paris, Nathan à Londres ou Mayer à Francfort. Il est intéressant de noter que la famille von Turn et Taxis fait partie du Comité des 300. Il y avait un double avantage à donner les informations ainsi obtenues à Decazes plutôt qu'à de Richelieu à qui elles auraient dû aller. En retour, Decazes tient James au courant de tout mouvement anti-juif ou de toute intrigue politique dirigée contre sa banque.

Son cercle de personnes importantes s'élargissant, Jacques décida qu'il lui fallait une maison plus adaptée à son statut, une maison où il pourrait recevoir dans le style somptueux qu'on attendait de lui. Il trouve cette maison dans un ancien hôtel particulier de la reine Hortense, rue La Fitte, qui avait appartenu à un banquier parisien nommé Laborde, victime de la guillotine en 1794. Hortense, la fille de l'impératrice Joséphine, était devenue reine de Hollande après avoir épousé le frère de Napoléon, Louis.

Il en coûta une fortune à James pour faire remodeler et réaménager la maison ; selon certains, les factures s'élevaient à plus de trois millions de francs. Lorsqu'elle fut achevée en 1834, elle devint le sujet de conversation de la ville.

Heinrich Heine, le philosophe communiste juif allemand, le duc d'Orléans et le prince Léopold de Cobourg étaient des invités fréquents aux soirées brillantes données par James.

Lorsque le prince Metternich et son entourage, dont le brillant Prussien Friedrich von Gentz, qui avait la confiance du grand homme, vinrent à Paris, James donna une fête qui rivalisa avec tout ce qui avait été vu à Paris depuis le retour du roi. Même le puissant duc de Wellington n'osa pas refuser une invitation de James lors de sa visite à Paris.

James a traité von Gentz avec condescendance et a joué sur sa faiblesse pour les femmes, beaucoup de femmes, fournissant à von Gentz l'argent dont il avait besoin par le biais de "conditions faciles" comme on dit aujourd'hui. Von Gentz a obtenu toutes les femmes qu'il pouvait gérer, ainsi que de nombreux autres luxes qu'il n'avait pas pu se permettre jusqu'alors. C'est ainsi que James est devenu le "propriétaire" de von Gentz.

> Le palais de James devient un pôle d'attraction pour tous les types d'hommes politiques, et en particulier pour les communistes et les socialistes larges d'esprit. L'un d'entre eux, Ludwig Borne, est un fervent partisan de l'idée que tous les rois d'Europe devraient être détrônés et remplacés par James, à l'exception de Louis Philippe qui serait couronné à Paris, de sorte que la cérémonie de couronnement serait dirigée, non pas par le pape, mais par James Rothschild. (*Notre Dame de la Bourse*, 22 janvier 1832)
>
>> Comme nous l'avons mentionné précédemment, un des individus parrainés par James Rothschild était Heinrich Heine, le poète allemand qui avait déserté sa patrie et s'était installé à Paris, que ce soit pour être près de Rothschild, ou pour des raisons politiques, n'est pas certain. Heine était un communiste avoué et était plus que probablement sur la liste des subversifs de la police allemande, ce qui pourrait être l'une des raisons pour lesquelles il s'est installé à Paris. Rothschild a aidé Heine d'innombrables façons, notamment sur le plan financier. Heine a perçu James comme un révolutionnaire et l'a félicité pour avoir été "l'un des premiers à percevoir la valeur de Crémieux..." Herr von Rothschild est le seul à avoir découvert Émile Pereire, le Pontifex Maximus des chemins de fer. (Olivia Maria O'Grady)

Ce n'est pas tout à fait vrai, comme je l'ai constaté en examinant l'angle de profit qui a amené James à investir dans la nouvelle mode. Pereira était un jeune Juif sépharade employé par James pour superviser les travaux de construction au jour le jour. Dans tout cela, James et Nathan ne se sont pas éloignés des astuces du métier que leur a enseignées Mayer Amschel, à savoir ne jamais perdre de vue l'objectif selon lequel l'argent est tout.

Un contrat particulier, l'un des nombreux que James et Nathan se sont vus proposer, était celui d'agents officiels chargés d'effectuer les paiements aux troupes autrichiennes stationnées à Colmar en Alsace. Les Rothschild ont obtenu le contrat en vendant moins cher que tous les concurrents. L'activité était risquée, car elle impliquait le transport de pièces de monnaie dans des zones infestées de bandits, ce qui nécessitait une assurance coûteuse. Au lieu de transporter de la monnaie physique, James s'arrangea pour que les crédits Rothschild soient placés dans les banques locales et que les soldats soient payés avec. Ayant éliminé le risque, James et Nathan ont pu empocher des commissions substantielles.

Cela est devenu la base de nouvelles affaires, le transfert de fonds sur tout le continent et à Londres se faisant désormais de cette manière, et les Rothschild en avaient le monopole.

Afin de donner aux lecteurs un aperçu de l'immense pouvoir exercé par James, je raconte l'affaire suivante, qui est devenue l'une de ses causes célèbres et a montré jusqu'où son bras puissant pouvait aller. Un certain prêtre, le père Thomas, et son domestique disparaissent à Damas en avril 1840. On soupçonna un meurtre et les suspects, qui se trouvaient être juifs, furent arrêtés, après quoi ils avouèrent le meurtre.

> Le monde juif protesta immédiatement et avec véhémence que les Juifs arrêtés étaient innocents et que leurs aveux avaient été recueillis sous la torture. James et Salomon exercent immédiatement leurs pressions combinées sur le monarque et Salomon incite le prince Metternich d'Autriche à agir.
>
> Le consul autrichien von Laurin protesta auprès de Mohammed Ali, rapportant directement à James et Salomon les mesures prises. Le consul de France à Damas, cependant, étant sur place, a adopté un point de vue tout à fait différent du meurtre et des accusés ; l'implication politique étant évidente, Louis Philippe n'a pas osé risquer un soutien injustifié des juifs contre les chrétiens. La lettre de James à Salomon est d'une importance considérable. Elle révèle clairement les méthodes employées dans les coulisses par les Rothschild pour faire pression sur les gouvernements et modeler l'opinion publique :
>
> Mes efforts n'ont malheureusement pas encore produit les résultats escomptés. Le gouvernement agit très lentement dans cette affaire ; malgré l'action louable du consul d'Autriche, parce que l'affaire est trop lointaine pour que l'intérêt du public soit suffisamment éveillé à son sujet. Tout ce que j'ai réussi à faire jusqu'à présent, c'est, comme l'indique *le Moniteur* d'aujourd'hui, de faire en sorte que le vice-consul d'Alexandrie soit chargé d'enquêter sur la conduite du consul de Damas.
>
> Ce n'est qu'une mesure provisoire puisque le vice-consul est

sous les ordres du consul, de sorte qu'il n'a aucune autorité pour demander à ce dernier de rendre compte de ses actions. Dans de telles circonstances, le seul moyen qui reste est la méthode toute puissante qui consiste à faire appel aux journaux pour nous aider et nous avons donc fait envoyer aujourd'hui un compte rendu détaillé basé sur les rapports du consul d'Autriche aux *Débats* et à d'autres journaux, et nous avons également pris des dispositions pour que ce compte rendu paraisse de façon aussi détaillée dans l'*Algemene Zeifung* d'Augsbourg.

Nous aurions certainement publié les lettres que Herr von Laurin m'a adressées à ce sujet, si nous n'avions pas estimé que cela ne pouvait se faire qu'avec l'autorisation préalable de Son Altesse le Prince von Metternich.

C'est pourquoi, mon cher frère, convaincu comme je le suis que vous ferez volontiers tout votre possible pour cette juste cause, je vous prie de demander au Prince, dans sa bonté, d'autoriser la publication de ces lettres. Les gracieux sentiments d'humanité que le Prince a exprimés à l'égard de ce triste épisode nous permettent d'espérer avec confiance que cette demande ne sera pas refusée.

Lorsque vous aurez reçu l'autorisation souhaitée, je vous prie, mon cher Salomon, de ne pas publier immédiatement la lettre dans le seul *Osterreicher Beobachter*, mais d'avoir aussi la bonté de les envoyer immédiatement avec une courte lettre d'accompagnement à l'*Augsburger Zeitung*, afin qu'elles puissent atteindre le public par ce moyen également. (*L'histoire non racontée*, comte Cherep-Spiridovich)

Certains des hommes d'État importants que les Rothschild avaient sous leur contrôle ont commencé à s'inquiéter de leur pouvoir et de leur influence.

L'un d'eux est le prince Metternich, qui était pourtant sous le contrôle ferme de Salomon Rothschild et n'est considéré par lui que comme un "valet" de la famille Rothschild. Après avoir troqué une bonne partie de la souveraineté de l'Autriche, Metternich commence à avoir de sérieux doutes :

> En raison de causes naturelles que je ne peux pas considérer comme bonnes ou morales, la Maison Rothschild exerce une influence beaucoup plus importante dans les affaires françaises

que le ministère des Affaires étrangères de n'importe quel pays, sauf peut-être l'Angleterre. La grande force motrice est leur argent. Les gens qui espèrent la philanthropie et qui doivent supprimer toute critique sous le poids de l'or en ont besoin d'une grande quantité. Le fait de la corruption est traité ouvertement, cet élément pratique, dans le sens le plus complet du terme, dans le système représentatif moderne.

Metternich s'est rendu compte trop tard qu'en vendant l'Autriche, il faisait le jeu des révolutionnaires internationaux, et lorsque les feux révolutionnaires ont commencé à brûler, malgré son rang élevé et sa position, le prince Metternich a dû fuir Vienne avec de l'argent emprunté à Salomon Rothschild.

Les historiens doutent que Metternich ait jamais eu la moindre idée des forces révolutionnaires qu'il avait involontairement contribué à déclencher. Selon des documents conservés au British Museum, la révolution mondiale est passée à la vitesse supérieure en 1848, en commençant par la Sicile en janvier de cette année-là.

Les grandes villes d'Europe semblaient agitées par des vagues d'excitation. Le désordre s'est étendu à Naples. À Paris, le drapeau rouge est déployé sur les barricades. Les révolutionnaires socialistes entraînent les ouvriers et les étudiants dans une révolte sanglante le 22 février 1848, et Guizot démissionne. (Olivia Maria O'Grady)

Il est dit que James Rothschild surestime le roi Louis Phillipe, pensant qu'il est favorable aux idées révolutionnaires.

Selon le professeur William Langer, titulaire de la chaire d'histoire Coolidge à l'université de Harvard... Les républicains et autres radicaux avaient accepté Louis Philippe comme un monarque révolutionnaire avant de découvrir leur erreur trop tard.

C'est surprenant, car James Rothschild passait pour être un juge de caractère très avisé, capable de lire les scènes politiques comme une carte routière. On ne peut pas l'affirmer avec certitude, mais le maréchal Soult, un ami proche de Nathan Rothschild, formait un ministère avec le duc de Broglie, Thiers et Guizot, ces deux derniers hommes étant d'un côté particulièrement conservateur de la politique, cela pourrait donc avoir un lien.

En 1830, des revendications ouvrières suscitées par Marx et son Internationale socialiste voient le jour en Italie et en Pologne, qui ne sont pas satisfaites par leurs gouvernements. L'agitation radicale et la violence se poursuivent en France en 1831 :

> En novembre 1831, une insurrection ouvrière de grande ampleur à Lyon est réprimée avec difficulté. Les sociétés secrètes se répandent rapidement. Sous le régime de la liberté de la presse, le roi est attaqué sans ménagement et caricaturé sans pitié dans les journaux radicaux, notamment par Honoré Daumier. En 1834, il y eut de grandes révoltes à Paris et à Lyon, qui furent réprimées avec une grande sévérité. En 1845, le radical Fieschi tente d'assassiner Louis Philippe, mais la tentative n'aboutit pas. Par la suite, en 1836, le roi établit un gouvernement dirigé par son ami personnel, le colonel Louis Mole, avec le chef du centre droit, Guizot ; mais celui-ci s'allia au parti du centre gauche et renversa Mole. (*The Untold History*, John Reeves)

Pour continuer avec *The Untold History* :

> Les activités révolutionnaires antérieures à 1848 avaient envoyé des hommes comme Karl Marx et Frederick Engels, Louis Napoléon Bonaparte en exil sur le continent. L'Angleterre avait été leur refuge. En 1848, ils étaient retournés sur le continent pour participer aux révolutions. Le 24 février 1848, la Charte, la Constitution et le régime parlementaire semblent s'arrêter brusquement.

> Dans tout Paris, je n'ai pas vu un seul membre de la milice, un seul soldat, un seul gendarme, un seul membre de la police. Pendant ce temps, une terreur pure et simple s'emparait de toutes les classes supérieures. Je ne crois pas qu'à aucun moment de la Révolution (1789-94) elle ait été aussi grande. (Victor Hugo, *Choses vues*, page 268)

James resta quelques jours et fut aperçu par Feydeau, l'un des membres de la Garde nationale :

> Vers midi, je vis deux messieurs, bras dessus, bras dessous, sortir calmement de la rue de la Paix et se diriger vers les

> Tuileries. Je reconnus dans l'un d'eux un baron de Rothschild. Je m'approche rapidement de lui. "Monsieur le Baron, je lui dis : "Il semble que vous n'ayez pas choisi un très bon jour pour vous promener. Je pense que vous feriez mieux de rentrer chez vous plutôt que de vous exposer à des balles sifflant dans toutes les directions."
>
> Mais le baron lui assure qu'il est en sécurité et qu'on a besoin de lui au ministère des Finances. Louis Napoléon va devenir, d'abord, président de la France, puis empereur ; Marx et Engels participent à la fondation de la Ligue communiste, puis, avec l'échec des révolutions, ils retournent en Angleterre, tandis que d'autres, dont Joseph Wedermeyer, émigrent aux États-Unis...
> (Olivia Maria O'Grady)

Après la bataille de Sedan et la capture de Napoléon III par les Prussiens (septembre 1870), Paris, se prenant pour le cœur, le cerveau et les autres organes de la nation française, et le reste de la France pour un appendice arriéré, primitif, on pourrait dire presque barbare, a connu une série de révolutions (au nom de la France) culminant avec la Commune de Paris de 1871, qui n'a servi qu'à laisser la nation prostrée devant l'ennemi et à l'exposer à son mépris. Citation du professeur Langer :

> Entre 1840 et 1847, Guizot devient la figure dominante. Guizot devient Premier ministre en 1847 et reste au pouvoir jusqu'en 1848 où il démissionne. Les troubles de la rue conduisent à la révolution de février.

Poursuite du récit des événements de 1848, à partir des papiers et documents du British Museum et de *L'Alliance France-Allemande* et *Les Forces titaniques*, *The Rothschilds* de John Reeves et des récits d'Olivia Maria O'Grady :

> À Paris, le drapeau rouge a été déployé sur les barricades. Les révolutionnaires marxistes entraînent les ouvriers et les étudiants dans une révolte sanglante le 22 février 1848 et Guizot démissionne. Les troupes attaquent les révolutionnaires sur les barricades, mettant la population en ébullition. Le 24, la garde nationale et les régiments de ligne passent aux mains des rebelles. Louis Philippe, âgé de soixante-quatorze ans, fuit le pays.

> Marx et Engels sont prêts à prendre en charge personnellement la révolution... Marx se voit confier les pleins pouvoirs révolutionnaires.... Lamartine et Arago demandent au banquier juif Michael Goudchaux d'accepter le portefeuille révolutionnaire des finances. Le banquier accepte. Caussidière, le préfet des barricades, demande à James Rothschild un prêt pour payer ses aides révolutionnaires. James s'exécute avec joie. (Pages 218-219)

Après avoir décrit comment Marx et Engels ont pris en charge les différentes factions révolutionnaires et l'organisation de la révolte en Allemagne, O'Grady écrit :

> Au début du mois d'avril, Marx et Engels quittèrent Paris pour l'Allemagne où les flammes de la révolution les avaient précédés. La Sainte-Alliance s'était effondrée dans la fumée et les flammes de Vienne et le prince Metternich avait fui la ville avec de l'argent emprunté à Solomon Rothschild. (Page 219)

> James Rothschild donne à Ledru-Rollin sept cent cinquante mille francs pour soutenir la révolution de 1848. On dit qu'il y a été contraint par la menace de Rollin de brûler le Palais Rothschild de la rue Lafitte. Au cours des trois jours de combats de rue qui se déroulent en juin 1848, Louis Eugène Cavalgnac sort vainqueur. Il assume immédiatement des pouvoirs dictatoriaux et est nommé président du conseil des ministres par l'Assemblée nationale. En utilisant librement d'importantes sommes d'argent, Rothschild se rapproche du nouveau pouvoir en France, et est aussi à l'aise avec Cavalgnac qu'il l'avait été avec Louis Philippe. On dit bientôt qu'il est aussi bon républicain qu'il avait été monarchiste.

Le Parti ouvrier français l'a revendiqué comme l'un des leurs. Le rédacteur en chef du radical *Tocsin des Travailleurs* écrit :

> Vous êtes un prodige, monsieur ! Malgré sa majorité légale, Louis-Philippe est tombé, Guizot a disparu, la monarchie constitutionnelle et les méthodes parlementaires sont passées à la trappe ; mais vous, vous ne bougez pas. Où sont Aragon et Lamartine ? Ils sont finis, mais vous avez survécu. Les princes banquiers sont en liquidation et leurs bureaux sont fermés.

> Les grands capitaines d'industrie et les compagnies de chemin de fer vacillent... vous êtes le seul parmi ces ruines à ne pas être

affecté.

Bien que votre Maison ait ressenti le premier choc de la violence à Paris, bien que les effets de la Révolution vous poursuivent de Naples à Vienne et à Berlin, vous restez imperturbable face à un mouvement qui a touché l'Europe entière. La richesse s'évanouit, la gloire est humiliée, la domination est brisée, mais le Juif, le Monarque de notre temps a conservé son trône.

La Commune de Paris a été le premier gouvernement communiste d'Europe. À propos des Rothschild, O'Grady écrit :

> Leur contrôle fabuleux de quantités illimitées d'argent a fait tomber toutes les barrières pour les Rothschild. L'éblouissement de la grande richesse a augmenté leur prestige social partout. Les puissants, les grands rois, les princes et les célébrités ont recherché leur faveur.
>
> Ils construisaient des palais et recevaient les "bonnes personnes" avec une magnificence royale qui faisait honte aux affaires d'État des monarques. Le monde était à leurs pieds, et la cause des Juifs en Europe était en plein essor. Nous verrons plus loin à quel point leur fortune était fabuleuse.

CHAPITRE 11

La France survit aux assauts des communistes

Après cet événement capital, j'ai fait des recherches dans des articles sur la France des années suivantes pour voir si le fil conducteur se poursuivait et j'ai constaté que c'était le cas. Après le succès de la Commune de Paris, les communistes ont réessayé en 1871 après la signature de la paix provisoire de Versailles avec Bismarck. En septembre 1870, l'effondrement de Napoléon III à Sedan est un coup dur auquel l'Empire français ne survit pas.

Le 4 septembre, les émeutiers tentent à nouveau de s'emparer de Paris, comme ils l'avaient fait précédemment lorsque James Rothschild avait partiellement financé la révolution, mais le 19 septembre, les armées allemandes qui avaient vaincu les Français à Sedan se précipitent sur Paris et investissent la ville.

Les communistes ne sont pas en mesure de soutenir leur offensive et il ne reste à Paris que huit jours de nourriture. Le 28 janvier 1871, Paris capitule devant l'armée allemande. Les troupes françaises sont désarmées, les forts sont repris. Bismarck autorise des élections et exige qu'une indemnité de cinq milliards de francs soit versée à l'Allemagne. De mars à mai 1871, la Garde nationale communiste marxiste, que Bismarck n'avait pas désarmée, s'empare de 417 canons et assassine les généraux Lecomte et Thomas.

L'Internationale a joué un rôle de premier plan dans la Garde nationale par l'intermédiaire de Loeb, Cohen, Lazare, Lévi et, bien sûr, de Karl Marx.³ Les troupes régulières sont obligées de battre en retraite et de laisser Paris aux mains de l'Internationale socialiste marxiste. Soutenues par l'armée allemande, les troupes françaises attaquent les barricades de Paris et brisent l'emprise des communistes. Mais pendant ce temps, avant que l'assaut des troupes régulières françaises et allemandes ne brise le pouvoir de la foule menée par la Garde nationale rebelle, les communistes exercent de redoutables représailles. Soixante-sept otages innocents ont été massacrés au fort de Vincennes.

L'archevêque de Darboy a été abattu comme un chien, ainsi qu'un certain nombre de ses prêtres. Des citoyens éminents ont également été sommairement abattus. Cela s'est produit alors même que les troupes de la Troisième République entraient dans la ville.

Le 20 mai 1871, les communistes arrosent d'essence tous les quartiers de Paris qu'ils assiègent et mettent le feu à tous les bâtiments publics et à la plupart des propriétés privées, y compris les maisons. Les Tuileries, le ministère des Finances, le Palais Royal, le ministère de la Justice, l'Hôtel de Ville et le quartier général de la police sont incendiés et réduits en cendres.

> Par miracle, la somptueuse Maison Rothschild et ses biens inestimables sont restés intacts. Comme toujours, la Maison Rothschild sort des aléas de la guerre de 1870-1871 et de la Commune de Paris, financièrement indemne, et toujours maître incontesté de l'Europe. Une fois de plus, les Rothschild montrent qu'ils sont capables d'abandonner leur allégeance à la monarchie et de l'accorder avec le même dévouement à la Troisième République.

Alfonse Rothschild, bien sûr, se retire à Versailles, et prend une chambre à l'hôtel des Réservoirs où il vit pendant les combats, les pillages et les terreurs de la révolution.

---

³ Tous juifs, évidemment, NDÉ.

Les parties citées sont tirées des travaux d'Olivia Maria O'Grady, des travaux du professeur Langer et de *The Untold Mystery* de John Reeves.

Ce qu'il faut noter, c'est que pendant que les plus radicaux des émeutiers restaient pour assassiner leurs malheureuses victimes, leurs chefs quittaient la ville et se rendaient en Angleterre, en Suisse et en Amérique latine. La Commune de Paris, ayant suivi son cours, s'est effondrée dans une frénésie de soif de sang. Il semble y avoir peu de doute que l'énorme somme d'argent nécessaire pour faire fonctionner la Commune (elle n'a duré que deux mois) devait provenir des Rothschild.

> Les dirigeants de la Commune ont dépensé 42 millions de francs, une somme énorme pour l'époque. Même avec la dilapidation la plus prolifique, on voit mal comment elle aurait pu dépenser jusqu'à un tiers de cette somme. Cela signifie qu'environ 25 millions de francs ont disparu dans une direction quelconque, probablement en Suisse, et peut-être dans les bagages du directeur de la Banque de France, ou plutôt de son gouverneur adjoint, le marquis de Poleis, qui accompagnait Beslay en Suisse, lorsque ce dernier a reçu un sauf-conduit pour quitter le pays après la suppression de la Commune. (*The Untold History*, John Reeves) Le sentiment général à l'époque était que Beslay, qui avait été nommé à la Banque de France par la Commune de Paris (en d'autres termes, indirectement par les Rothschild) avait sauvé l'argent pour eux et que les Rothschild avaient organisé les sauf-conduits.

Quoi qu'il en soit, la Commune de Paris a jeté l'opprobre et la honte sur le peuple français et a plongé le mouvement socialiste dans un état de déclin. Il est intéressant de noter que le traité de paix préliminaire de Versailles avait été négocié en partie par Alfonso Rothschild, le fils de James Rothschild. Alfonso a conclu les négociations financières avec Bismarck et a accepté le paiement des cinq milliards de francs exigés pour les réparations.

Edouard Rothschild était le fils d'Alfonso Rothschild, le fils aîné de James Rothschild, qui mourut le 26 mai 1905, mais l'emprise de la ligne de succession sur les affaires françaises se poursuivit. Plus tard, nous verrons le rôle joué par Édouard Rothschild et

Lord Rothschild dans la "Déclaration Balfour" qui a conduit à la création d'un État sioniste en Palestine, dans laquelle, soit dit en passant, Disraeli a joué un rôle de premier plan pour ses maîtres, les Rothschild. Il y a toujours des gens dans les coulisses, comme le sait tout étudiant réfléchi de l'histoire mondiale.

Quel rôle Disraeli a-t-il joué dans l'établissement d'une "patrie" pour les Juifs ? Dans son ouvrage *Tancred*, Disraeli parle de

> "ces jours de justice politique où Jérusalem appartenait aux Juifs".

De Jérusalem, il a écrit :

> "Je voyais devant moi une ville apparemment magnifique"

et tout au long de ses romans, *Alroy*, *Contari* et *Fleming*, il a écrit sur son amour de Jérusalem en soulignant qu'elle était une possession juive. À Hughendon, sa résidence de campagne, Disraeli a fait part à Stanley de ses

> "plans pour rendre la Palestine aux Juifs et pour la recolonisation par les Juifs".

Quel rôle Karl Marx a-t-il joué dans le soulèvement des communistes à Paris en 1871 ? Selon des documents du British Museum confirmés par deux autres sources :

> Marx exultait, et bien que sa renommée se soit répandue partout comme étant le monstre qui a lâché les égorgeurs meurtriers de Paris, il se pavanait comme un paon devant les membres de l'Internationale à Londres. Il s'est lancé dans un éloge des "héros immortels des barricades".

> Lorsque la Commune de Paris a pris en main la gestion de la révolution, lorsque les simples travailleurs ont osé pour la première fois empiéter sur le gouvernement de privilège de leurs supérieurs culturels, le vieux monde s'est tordu dans des convulsions de rage à la vue du drapeau rouge, symbole de la république ouvrière, flottant au-dessus de l'Hôtel de Ville de Paris.

L'une des choses que nous avons apprises de la Commune de Paris est qu'elle a désenchanté la majorité du peuple français, mais les dirigeants qui se sont éclipsés en Angleterre et en Suisse avec l'aide des francs-maçons et des Illuminati l'ont considérée comme un jalon dans la montée du socialisme international en Allemagne, en Espagne, en Russie et en Italie. Karl Marx, à Londres, est devenu le centre de coordination du marxisme international, mais juste à côté de lui se trouvaient Engels et les Rothschild.

Dans *The Untold History*, on nous dit que les Rothschild étaient les agents des francs-maçons de Francfort, dont le Landgrave de Hesse était le maître, et dont les Rothschild contrôlaient les finances. À ce stade, il serait bon de faire quelques remarques sur Bismarck, car il a joué un rôle majeur dans l'élaboration du destin non seulement de l'Allemagne, mais aussi de toute l'Europe.

Selon l'auteur John Reeves dans son ouvrage *The Rothschilds*, Bismarck était considéré comme un simple valet des Rothschild et était à moitié juif.

Des documents du British Museum suggèrent que le père naturel de Bismarck était le maréchal Soult, le véritable responsable du "Waterloo" de Napoléon Ier :

> "Cela ne prouve-t-il pas que le maréchal Soult était son véritable père et non le tranquille petit propriétaire prussien, le père officiel de Bismarck ?"
>
> Après que les Rothschild eurent écrasé Napoléon, ils avaient besoin d'un nouveau dirigeant et ils en créèrent un en la personne d'Otto Bismarck. Son père, William, a épousé Louise Menken [les Menken étaient des Juifs] — une bourgeoise d'origine inconnue. Il l'emmena dans sa maison de campagne, que les troupes françaises de Napoléon envahirent bientôt, et dans un château voisin, le maréchal Soult établit son quartier général.
>
> Louis avait été en danger imminent de violation, le champagne de Soult, ses pouvoirs de persuasion asiatiques ont séduit le cœur de Louis plus que la bière et l'esprit lourd de son mari allemand. Depuis, Soult a fait preuve d'une extrême attention envers Mme Bismarck — Menken et son fils, le futur "Homme de Sang et de Fer". Soult a occupé les plus hautes fonctions en France et a trahi jusqu'à sa mort tous les souverains chrétiens. Les six années que Bismarck a passées à l'Institut de Palma à Berlin ne

lui ont laissé que des souvenirs regrettables. (Cherep-Spiridovich, page 108 — *La main cachée attribuée à J. Hoche*)

En fait, Louise Bismarck-Menken n'était pas d'origine inconnue. J'ai retracé ses antécédents jusqu'à Haïm Solomon, qui aurait donné toute sa fortune au général George Washington pour déclencher la révolution américaine. Le *Jewish Tribune* de New York du 9 janvier 1925 a également confirmé que Louise Menken était la descendante de Haïm Solomon.

Certains chercheurs et historiens contestent vivement que l'argent que Salomon a donné à Washington soit le sien, mais qu'il provienne des Rothschild, Salomon étant leur simple intermédiaire.

Ils soulignent le fait que malgré le fait qu'il ait donné tout son argent à Washington, Haïm a continué à vivre dans le luxe. L'histoire de la façon dont Bismarck a été coopté par les Rothschild peut être reconstituée à partir des lettres de Lord Beaconsfield de décembre 1812 et de *Coningsby* :

> Lionel Rothschild emmène souvent Disraeli à Paris où il est présenté à James Rothschild III. Ils ont reçu la visite du comte Arnim, le ministre prussien. Par l'intermédiaire de Lionel, Disraeli est devenu son ami. Soult était un ministre du Cabinet de France et parlait beaucoup, peut-être, de son fils, ou du fils de sa maîtresse, l'ex-Menken-Bismarck. C'est ainsi que les Rothschild ont décidé de s'emparer du jeune Bismarck, qui était dans le besoin, et qui était, au moins à demi juif, qui déjà en 1839 est contraint de lutter contre le désastre qui menace ses biens. Mais les Rothschild, Soult et Amim le surveillaient déjà et tous cherchaient à l'utiliser. Déjà en 1839, à Aix-la-Chapelle, Bismarck s'était montré rebelle, comme l'avait fait Disraeli dans son poème "Bénédictions au poignard du régicide". '
>
> Mais James exigeait que Bismarck et Disraeli fassent preuve d'un "archiconservatisme", qu'il fallait alors gagner pour se glisser dans la haute société et acquérir le pouvoir. Par conséquent, Disraeli et Bismarck ont abandonné les hymnes aux "poignards du régicide" et sont devenus ultra-conservateurs. Tous deux ont reçu l'ordre de devenir "très mondains". Amim, le ministre prussien et membre du Reichstag, a épousé la sœur bien-aimée de Bismarck, Malvina, en 1844 et, selon Disraeli,

Bismarck est tombé entièrement sous l'influence des Rothschild et d'Amim et de sa sœur.

Indirectement, nous apprenons la déclaration de Walter Rathenau selon laquelle 300 hommes gouvernent le monde (voir *La hiérarchie des conspirateurs : le Comité des 300*). Quarante ans auparavant, Bismarck avait indiqué qu'il était d'accord avec la déclaration de Rathenau : Disraeli l'a répété en déclarant que

> "le monde est dirigé par des personnages très différents de ce qu'imaginent ceux qui ne sont pas dans les coulisses".

Quarante ans avant la déclaration de Rathenau, Bismarck a exprimé son accord avec Rathenau et Disraeli. (Extrait des documents de *Coningsby* et Cherep-Spiridovich et du British Museum)

Considéré comme un réactionnaire, Bismarck tente en 1847 d'apaiser les conservateurs par sa violence simulée contre les libéraux, à l'instar de Disraeli, et gagne ainsi les faveurs du roi de Prusse. Avec beaucoup d'efforts et de jongleries, les contrôleurs de Bismarck parviennent à lui faire épouser Johanna Puttkamer en 1847.

Puttkamer était une femme remarquable dont les capacités à calmer son terrible tempérament (probablement hérité de Soult), car son père officiel était un homme calme, jamais sujet à des accès de violence, ont sauvé sa carrière, qui aurait autrement pris fin brutalement. Lorsqu'en 1849 la liste des nouveaux membres du Cabinet est proposée à Frédéric-Guillaume IV, celui-ci tire un trait épais sur le nom de Bismarck et écrit :

> Réactionnaire rougeaud. Il aime l'odeur du sang.

En 1849, Bismarck se fait élire à la Deuxième Chambre prussienne avec l'aide d'Arnim et de Rothschild, et en 1851, il assiste à la Diète de Francfort-sur-le-Main en tant que député.

Le comte Arnim était également derrière Bismarck et il a joué son rôle en le recommandant à Otto von Manteuffel, le ministre de Prusse. À propos de von Manteuffel, le professeur Langer évoque le contexte historique de son importance :

Le 16 mai 1850, un certain nombre de petits États et l'Autriche se réunissent à Francfort et reconstituent l'ancienne diète de la Confédération germanique. Si la Prusse insistait sur cette union, la guerre avec l'Autriche semblait inévitable. Lorsqu'un différend naît d'un appel... les deux puissances se mobilisent et la guerre semble imminente.

Le tsar Nicolas de Russie, irrité par le pseudolibéralisme du dirigeant prussien, se range du côté de l'Autriche, et Frédéric-Guillaume, qui s'était montré dès le départ peu enclin à la guerre, décide de battre en retraite précipitamment. Il envoie son nouveau ministre, Otto von Manteuffel, négocier... (Professeur Langer, pages 726-727)

Quand Bismarck fut vieux, ses yeux n'ont jamais perdu leur étonnante puissance. Il avait par nature du mépris pour tout ce qui était faible, sentimental et parmi ses objets de dédain, il incluait plusieurs vertus chrétiennes. (Professeur F.M. Bowicke, *Bismarck et l'Empire allemand*, page 5)

Dans *La Revue des Deux Mondes* publiée en 1880 vol. 26, page 203 par Valbert, nous lisons ce qui suit :

Les Juifs étaient les seuls à pouvoir exploiter Bismarck de telle sorte que toutes les réformes libérales en Allemagne après Sadowa (où les Prussiens furent vaincus par les Autrichiens en 1866) introduites par Bismarck servirent aux Juifs...

Comme nous l'avons montré, les Rothschild étaient particulièrement intéressés par la politique de toutes les nations où ils s'étaient établis. Par exemple, au Congrès de Vienne, les Rothschild cherchent à prédominer. Nous apprenons de Maria Olivia O'Grady :

... Les Juifs ont envoyé des représentants au Congrès de Vienne où ils ont cherché à influencer les délégués officiels par des pots-de-vin et des cadeaux. L'aîné des Rothschild, on s'en souvient, craignait que le privilège juif spécial qu'il avait acheté à Karl von Dalberg, prince primat de la Confédération du Rhin, ne soit perdu s'il n'était pas incorporé dans les nouvelles constitutions que le Congrès devait rédiger.

Jacob Baruch (père de Ludwig Boerne) G. G. Uffenheim et J. J. Gumprecht, les émissaires spéciaux de Rothschild, auraient été chassés de la ville par la police viennoise, si Metternich n'était pas intervenu.

Les représentants juifs, bien sûr, n'avaient aucune position officielle au sein du Congrès. L'influence juive la plus importante sur les membres du Congrès provenait des juives qui ouvraient leurs salons pour divertir somptueusement les principaux hommes d'État et dirigeants qui assistaient aux sessions du Congrès.

Les plus éminentes de ces juives étaient la baronne Fanny von Arenstein, Madame von Eskeles, Rachel Levin von Varahagen, Madame Leopold Herz et la duchesse Mendelssohn von Schlegel. Le mieux que les Juifs peuvent obtenir au Congrès de Vienne est un certain nombre de projets de propositions qui offrent invariablement les pleins droits de citoyenneté aux Juifs qui "assument tous les devoirs des citoyens". Cette clause ne répondait pas à toutes les demandes et exigences particulières de la "nation" juive, qui souhaitait en fait tous les droits de la citoyenneté sans les obligations habituelles. (*Le Congrès de Vienne*, pages 345, 346)

L'auteur Anka Muhlstein, dans *Baron James, The Rise of the French Rothschilds*, donne une interprétation différente des événements du Congrès de Vienne et de leur effet sur Francfort :

À peine les armées françaises se sont-elles retirées que les autorités allemandes s'attaquent au problème urgent de remettre les Juifs à leur place. À Francfort, les droits légalement acquis et chèrement payés sont désormais abolis. Une fois de plus, les Juifs sont traités comme des étrangers indésirables.

Conscients que leur honneur, leur liberté et parfois leur vie sont menacés, les Juifs se tournent vers les grandes puissances qui se réunissent régulièrement au congrès de Vienne. Mais, aussi valables soient-ils, leurs arguments restent vains. Les Juifs d'Allemagne n'ont donc d'autre choix que de recourir, comme par le passé, à des moyens clandestins et de trouver ou d'acheter ainsi une protection.

Salomon prend en charge la campagne juive et soudain le porte-monnaie de Gentz, le conseiller de Metternich, grossit. Il en résulte une suspension des édits autrichiens d'expulsion ainsi que des déclarations de Metternich et de Hardenberg, l'homologue du chancelier autrichien en Prusse. *(Baron James, The Rise of the French Rothschilds,* Anka Muhlstein, page 68)

Selon Muhlstein, les Juifs sont attaqués à Francfort et sévèrement persécutés. Salomon Rothschild choisit de s'installer à Vienne, mais Amschel reste à Francfort et après avoir rappelé au gouvernement à quel point il aurait besoin des prêts Rothschild, la violence contre les Juifs commence à s'atténuer.

CHAPITRE 12

Salomon Rothschild montre sa puissance financière

À Vienne, Salomon n'étant pas autorisé à acheter une maison, il a loué pour lui tout un hôtel luxueux et a ensuite refusé au roi de Wurtemberg l'appartement qu'il occupait depuis de nombreuses années.

Salomon bénéficie de l'immunité diplomatique et se voit attribuer le titre de "baron". Metternich nomme ensuite James et Nathan Consuls, un "honneur impensable pour un juif" comme l'a noté Salomon :

> James ne renouvelle pas son appel. Le pouvoir et la protection évidents de Metternich apaisent son inquiétude. Grâce au chancelier, en effet, les Rothschild vont acquérir l'immunité diplomatique.
>
> Après leur avoir accordé un titre utile et flatteur, il allait maintenant faire beaucoup plus. Nathan et James, au prix de nombreux prêts habilement négociés, conçoivent l'idée de se faire nommer consuls pour représenter l'Autriche à Londres et à Paris. Un Juif entrant dans le corps diplomatique ! C'était impensable. Pourtant, malgré l'énormité de la proposition, Metternich accepte.
>
> Seuls les esprits mal intentionnés soupçonneraient un lien entre les prêts personnels avantageux accordés par les Rothschild au chancelier. Toutes les fonctions de la cour mènent à de nouvelles affaires, surtout lorsqu'il s'agit de l'Autriche. Si James était nommé à Paris, il pourrait, si Dieu le veut, se charger de tout ce qui concerne la liquidation de la dette de la France envers l'Autriche, puisque le Consul serait autorisé à traiter avec le Roi

en personne. (*Souvenirs* Auguste de Fremilly, page 232, 1908)

En essayant d'établir un modèle de juifs puissants tentant d'user de leur influence dans les conventions internationales, la Conférence d'Aix-la-Chapelle en 1818 fut également confrontée à des représentants juifs non invités. Lewis Way, un ecclésiastique anglais, a joué le rôle de porte-parole des Juifs et a présenté à la Conférence une pétition prônant l'émancipation des Juifs en Europe. L'influence juive au sein des Congrès de Paris de 1856 et 1858 est évidente dans les travaux des deux réunions. Il ne semble pas que les Juifs aient été autorisés à être représentés officiellement à l'une ou l'autre de ces deux conférences. (Olivia Maria O'Grady)

Cela n'a pas plu aux Rothschild qui ont alors exigé toujours plus de ceux qu'ils tenaient en leur pouvoir. Après avoir reçu des titres de barons et de consuls, ils souhaitent désormais que des signes plus visibles de leur pouvoir soient affichés.

Leur "amour des distinctions" était pour le moins immodéré. Von Gentz a reçu l'ordre de faire savoir au public que des médailles et des rubans leur étaient accordés, et d'en faire la publicité :

"Salomon von Rothschild et son frère à Paris ont reçu l'ordre de Saint Vladimir en reconnaissance des prêts négociés pour la Russie."

Von Gentz a écrit à un certain nombre de grands journaux allemands. Il serait aussi bien que vous publiiez les nouvelles. Faites-en un Vladimir plutôt qu'un Saint Vladimir. Dans une lettre au comte von Neipberg, en 1830, Metternich a critiqué en privé la vanité des Rothschild :

Les Rothschild voudraient un petit Saint-Georges. Quelle vanité ! Malgré leurs millions et leur généreuse loyauté, les Rothschild ont un appétit étonnant pour les honneurs et la distinction. (Documents du British Museum)

La nature religieuse chrétienne des décorations rendait d'autant plus extraordinaire le fait que les Rothschild aient pu les obtenir, et soulignait le pouvoir qu'ils exerçaient sur Metternich et Bismarck, d'autant plus que l'on sait que Metternich commença à s'opposer aux demandes des Rothschild au motif qu'en tant que non-chrétiens, ils n'avaient pas le droit de recevoir certaines décorations, mais cela n'arrêta pas le flot de demandes d'honneurs spéciaux. En 1867, Alphonse, le fils aîné de James, écrit à ses cousins de Londres :

> Le résultat le plus notable de la visite de Bismarck (à Londres) a été la distribution des décorations. Mon père a reçu le Grand Ruban de l'Aigle Rouge, la décoration la plus élevée et la plus distinguée. Aucun Juif de Prusse ne l'a reçu. (*Gold and Iron*, Fritz Stern, page 1150)

Poursuivant le travail d'O'Grady, son thème de la représentation non officielle, mais puissante, aux conventions mondiales où les Juifs n'avaient aucun statut, elle évoque les efforts américains en leur faveur :

> Les Juifs américains ont influencé les États-Unis pour qu'ils présentent leur demande de "droits complets et égaux" à la conférence de paix de Bucarest en 1913, bien que les États-Unis ne soient pas officiellement représentés à la conférence.

En octobre 1913, l'Anglo Jewish Association a adressé un mémorial commun à Sir Edward Grey, demandant instamment que les nouvelles garanties affirmatives pour les Juifs soient assurées, soulignant que la Roumanie avait à plusieurs reprises ignoré et répudié des assurances similaires.

> Elihu Root, le secrétaire d'État des États-Unis, avait donné des instructions fermes, à la demande du président Theodore Roosevelt, à l'ambassadeur White, qui représentait les États-Unis à la Conférence algérienne de 1906, lui ordonnant d'insister auprès de la conférence pour qu'elle prenne en considération les garanties de tolérance religieuse et raciale au Maroc.
>
> L'action de la juiverie mondiale à la Conférence de la Paix n'est nulle part mieux indiquée que dans les dispositions imposées à la Pologne par le Traité de Versailles. Un conquérant impitoyable n'aurait pas pu être plus sévère. Les représentants polonais signèrent le Traité des minorités le 28 juin 1919, engageant ainsi la Pologne à diviser la souveraineté et à créer une classe supérieure et privilégiée de citoyens. (Olivia Maria

O'Grady, pages 344-347)

L'histoire a montré à maintes reprises que, dans la plupart des pays, l'individu moyen n'a que peu ou pas de temps à consacrer à autre chose qu'à gagner sa vie, élever sa famille et occuper un emploi qui lui permette d'atteindre ces objectifs, ce qui lui laisse peu ou pas de temps pour s'intéresser à la politique, aux questions économiques ou à d'autres questions vitales, telles que la guerre et la paix, qui affectent sa vie et sa nation.

Pourtant, il semblait que certains groupes de personnes étaient à l'abri de ces restrictions, et semblaient toujours savoir où les questions importantes allaient être décidées, et par qui, et semblaient disposer d'un réseau mondial qui les tenait au courant de tous les développements politiques et économiques. Très organisés et très bruyants, ces groupes ont toujours eu l'avantage sur les citoyens normaux.

Selon l'ouvrage *The Hidden Hand* de Cherep-Spiridovich et les travaux approfondis de l'auteur Olivia Maria O'Grady, ces groupes très efficaces ont toujours été juifs ou dominés et contrôlés par des Juifs.

Les deux auteurs citent de nombreux exemples à l'appui de leur thèse, dont deux des plus convaincants sont peut-être la Conférence de paix de Paris de 1919 et la création de l'État d'Israël. Nous poursuivons avec le récit d'Olivia Maria O'Grady :

> À l'aube de 1919, Paris est littéralement inondé de Juifs du monde entier — Juifs riches, Juifs pauvres, Juifs orthodoxes, juifs socialistes, financiers et révolutionnaires — qui affluent dans la capitale française et se mettent au travail.
>
> Le Comité de Délégation Juive auprès de la Conférence de la Paix est pleinement organisé le 25 mars 1919. En outre, les délégués de l'Organisation sioniste mondiale et du B'nai B'rith sont inclus dans la composition du Comité, prétendant parler au nom de dix millions de Juifs.
>
> Woodrow Wilson, Georges Clemenceau et d'autres personnalités internationales n'étaient que des marionnettes entre les mains de ces Juifs internationaux. Bien que l'idée d'un

super État mondial ait été depuis longtemps un rêve juif, la vanité de Wilson, qui croyait qu'il s'agissait de sa propre création, a été soutenue de toutes parts par la délégation juive et la presse mondiale qu'elle contrôlait. "Les principes d'autodétermination et d'homogénéité nationales n'ont pas été autorisés à être poussés à l'extrême", écrit un historien juif avec une satisfaction évidente.

La finesse de la délégation juive est clairement perceptible dans le produit fini de Versailles. Le travail de base pour la destruction de la souveraineté dans toute la chrétienté a été bien préparé par le cerveau derrière le Comité de Délégation Juive. La souveraineté absolue a été restreinte. À l'origine de la Seconde Guerre mondiale, "les États nouveaux et élargis" ont été contraints "d'assumer l'obligation d'inclure dans un traité avec les principales puissances alliées et associées, les dispositions jugées nécessaires par lesdites puissances pour protéger les habitants qui diffèrent de la majorité de la population par la race, la langue ou la religion".

Parmi les délégués juifs à la Conférence de paix de Paris figurait Jacob Schiff, qui devint plus tard l'un des banquiers de Wall Street qui financèrent la révolution bolchevique en Russie. Le couronnement du triomphe juif a été la disposition qui a placé les "droits des groupes nationaux" sous la garantie et la juridiction internationale de la Société des Nations — aucun d'entre eux ne s'est soucié de "rendre le monde sûr pour la démocratie". (Déclaration d'intention de Wilson, Olivia Maria O'Grady)

Wilson a peut-être été trompé par l'intention et l'objectif de la Société des Nations, mais un groupe de sénateurs américains bien éveillés voyaient clair sur les intentions de ses promoteurs. Ils ont vu la Société des Nations exactement pour ce qu'elle était : une tentative de détruire la souveraineté des États-Unis, la Constitution des États-Unis et la Déclaration des droits, et l'ont rejetée comme telle lorsque le traité a été présenté au Sénat des États-Unis pour ratification.

Les chefs de file de l'opposition au Sénat étaient les sénateurs Hiram Johnson et William E. Borah, dont le patriotisme était sans limites. Le traité est rejeté le 11 novembre 1919.

Le Premier ministre britannique Lloyd George a également perçu les dangers des restrictions imposées aux nations par le traité de Versailles. En 1919, il a couché ses craintes sur le papier au cours d'un week-end de pause dans les réunions de la Conférence :

> Lorsque les nations sont épuisées par des guerres dans lesquelles elles ont déployé toutes leurs forces et qui les laissent fatiguées, exsangues et brisées, il n'est pas difficile d'établir une paix qui peut durer jusqu'à ce que la génération qui a connu les horreurs de la guerre soit décédée... Il est donc relativement facile de recoller les morceaux d'une paix qui peut durer trente ans. Ce qui est difficile, par contre, c'est d'établir une paix qui ne provoquera pas une nouvelle lutte lorsque ceux qui ont fait l'expérience pratique de la guerre seront décédés...

> Vous pouvez dépouiller l'Allemagne de ses colonies, réduire ses armements à une simple force de police et sa marine à celle d'une puissance de cinquième ordre ; il n'en reste pas moins qu'en fin de compte, si elle estime avoir été injustement traitée dans la paix de 1919, elle trouvera les moyens d'obtenir une rétribution de ses conquérants.

L'imposition, l'impression profonde faite sur le cœur humain par quatre années de massacres inexpliqués disparaîtra avec les cœurs sur lesquels l'a marqué le terrible glaive de la Grande Guerre. Le maintien de la paix dépendra alors de ce qu'aucune cause d'exaspération ne vienne constamment attiser l'esprit de patriotisme, de justice, de fair-play... Bien que Lloyd George ait fait un effort courageux pour que justice soit rendue à l'Allemagne, il a échoué, non pas faute d'avoir essayé, mais à cause des forces implacables de l'Internationalisme qui se sont dressées contre lui, caractérisées par le comportement, les attitudes et les exigences vicieuses et brutalement laides du français Georges Clemenceau.

Les paroles presque prophétiques qu'il a écrites à Fontainebleau en mars 1919 montrent que Lloyd George était prévoyant. Lloyd George est vaincu par les forces révolutionnaires qui se sont renforcées depuis le XVIIIe siècle. Bien organisées et financées, elles étaient pratiquement inarrêtables. Dans un sens, Lloyd George est gêné par la présence de son contrôleur. Sir Philip, A.G.D. Sassoon, Bart, lié par mariage et par le sang aux Rothschild. En tant que membre du Conseil privé britannique,

> Sassoon a pu se joindre aux délibérations secrètes des confrères.

Expliquant la politique française à Versailles et ses conséquences, le magazine TIME du 17 mai 1940, dans un rare écart de la censure Rothschild, l'a également confirmée :

> Au ministère essentiel de l'Intérieur, le Premier ministre Reynaud nomme l'énergique Georges Mandel, 54 ans, jusque-là ministre des Colonies. Ce n'est pas un nouveau poste pour le petit Clemenceauiste au nez fin, qui, en tant que chef de cabinet du Tigre pendant la dernière guerre, a géré les affaires intérieures du pays et maintenu le moral des civils.
>
> Né Jéroboam Rothschild, Mandel a souvent été appelé le Disraeli de la France ; super politicien dans un pays de politiciens, il a récemment montré au ministère des Colonies (et des Postes) qu'il n'avait rien perdu de son dynamisme et de son flair administratif qui l'avaient rendu si indispensable à Clemenceau...

D'après mes études au British Museum, il est évident que le succès de la Conférence de paix de Paris et du Traité de Versailles qui a suivi dépendait de l'acceptation universelle de la Société des Nations, la première tentative organisée pour mettre en place un gouvernement mondial unique qui usurperait la souveraineté de toutes les nations, et donnerait la Palestine aux sionistes.

Cette opinion est confirmée par les propos de Wilson à son arrivée à Paris en janvier 1919 :

> La Société des Nations est l'objet central de notre réunion.

Comme on le sait, Wilson avait été soigneusement entraîné et instruit par Mandel House, le serviteur des Rothschild, et il savait qu'il devait obéir aux ordres. En faisant des recherches dans les papiers de Lloyd George au British Museum, il m'est apparu évident que le Premier ministre britannique s'était bien battu contre Wilson, mais en vain. Malgré les vigoureuses protestations de Lloyd George, Wilson insiste pour que le premier point à l'ordre du jour soit la proposition d'établir la Société des Nations.

J'ai concentré de nombreux mois de recherche sur la Société des Nations au British Museum et j'ai découvert que Wilson s'est rendu à Paris bardé d'instructions reçues indirectement de Lord Rothschild via Mandel House quant à son agenda.

Wilson s'était fait connaître des Rothschild par l'intermédiaire de Mandel House, lorsqu'en tant que professeur à l'université de Princeton, il avait tenté de mettre fin à ce qu'il appelait le "snobisme" en bannissant les clubs d'étudiants. Il ne réussit pas, mais cette indication très précoce de ses convictions socialistes attire l'attention de House et lui permet de décrocher le poste de gouverneur de l'État du New Jersey et, finalement, le poste de président des États-Unis. Le président Will Hayes du comité national du parti républicain a dit de Wilson :

> Il veut reconstruire le monde sans entrave, conformément à toutes les doctrines socialistes, à toutes les notions de propriété gouvernementale illimitée, à tous les caprices brumeux qui peuvent lui passer par la tête.

Mon étude de la présidence de Wilson montre que Hayes était sur la bonne voie, mais n'avait aucun moyen de savoir quoi que ce soit sur les personnes qui dirigeaient l'agenda de Wilson. Les instructions claires qu'il recevait constamment de Londres via Mandell House n'avaient rien de flou. L'un de ces ensembles d'instructions de Londres concernait les Quatorze Points de Wilson. En fait, les Quatorze Points qu'il devait présenter à la Conférence de paix de Paris avaient été rédigés par les Rothschild et le juge Brandeis, qui les avaient transmis à Wilson en lui ordonnant de les utiliser comme siennes à la Conférence, sous l'œil vigilant du juif Bernard Baruch.

La deuxième série d'instructions, celle de la Société des Nations, est également passée pour être l'œuvre de Wilson. Son discours au début de la Première Guerre mondiale, selon lequel l'Amérique combattait "la classe dirigeante et non le peuple allemand", était une pure rhétorique de la Chambre. Pour continuer avec les citations d'Olivia Maria O'Grady :

> Le président Wilson, entouré par la fraternité financière juive, poussé ici et là par le sinistre colonel House, et conseillé par le

sioniste Brandeis, s'imaginait être le grand "faiseur de paix" de toute l'histoire. C'était un historien qui a prouvé qu'il ne connaissait rien à l'histoire.

Entre les mains des Juifs, qui l'ont utilisé à leurs propres fins, il a plongé ce pays [les États-Unis] dans une guerre désastreuse et a déclenché une série d'événements destinés à détruire l'Amérique.

Flatté et encensé par ceux qui le pliaient à leur volonté, il s'imaginait jouer à Dieu, refaire le monde et ses habitants à son image. Ayant prêté serment dans ses hautes fonctions, pour protéger et promouvoir les intérêts du peuple américain, il s'est soudainement cru investi d'un mandat pour sauver le monde.

Il a appelé à une "paix sans victoire" et a déclaré qu'il plongeait les États-Unis dans une "guerre pour mettre fin à la guerre" et de "rendre le monde sûr pour la démocratie". Depuis lors, l'histoire n'a cessé de souligner l'inanité de son double langage.

La paix et la victoire sont arrivées le 11 novembre 1918 et Wilson s'est précipité à Paris où il a perdu les deux. (Olivia Maria O'Grady)

C'est peut-être un peu dur pour Wilson qui, après tout, était entouré et protégé par des conseillers :

> Nous pouvons maintenant évaluer correctement ce traité de paix criminel et perfide, qui a donné naissance à la guerre actuelle (Seconde Guerre mondiale).
>
> Ce n'est pas Wilson qui a trahi le gouvernement allemand par la promesse de ses Quatorze Points ni Lloyd George qui a menti aux Arabes pour les inciter à entrer en guerre ; — ce sont Jéroboam Rothschild, Sir Philip Sassoon et Bernard Baruch. Wilson, Lloyd George et Clemenceau ne sont coupables que dans la mesure où ils ont agi en obéissant à un pouvoir auquel ils n'ont pas osé s'opposer. Ces trois Juifs, représentant la puissance financière de la famille Rothschild, ont déterminé les dispositions essentielles de l'infâme traité de paix.
>
> Ils ont créé le Bureau international du travail ; ils ont pris des dispositions pour la Commission des réparations et la Conférence financière de Bruxelles ; ils ont donné la Palestine aux Juifs ; ils ont établi sans notre adhésion la Société des

Nations et la Cour mondiale.

C'est notre refus d'adhérer qui a empêché la réalisation de leur grandiose machine élaborée pour le gouvernement du monde. (*Rothschild Money Trust*, pages 67, 68)

Bien que le nom du Colonel House ne soit pas mentionné dans ce récit, c'est néanmoins House qui, plus que Baruch, a représenté les intérêts des Rothschild aux États-Unis lors de la conférence. Suite de *The Rothschild Money Trust* :

> Ces trois Juifs sont responsables de l'abandon des Quatorze Points du Président Wilson et des violations flagrantes des promesses sur lesquelles l'Allemagne a déposé les armes. Si les promesses du président Wilson avaient été respectées, nous n'aurions pas eu de Seconde Guerre mondiale. Peut-être que si nous avions adhéré à la Société des Nations, il n'y en aurait pas, car nous serions les sujets du "Roi despote" qui nous gouvernerait d'une main de fer....
>
> Jéroboam Rothschild (Mandel) était membre du cabinet Reynaud et a démissionné avec lui et s'est enfui avec lui lorsque la France a refusé d'être fusionnée avec l'Empire britannique, mais a décidé au contraire de se rendre. Le peuple français semble maintenant se rendre compte, d'après la presse, qu'il est désormais victime de bellicistes...
>
> Le projet de la Société des Nations n'est pas né avec le président Wilson. Il ne l'a pas revendiqué. Son origine précise est inconnue, mais les Juifs en revendiquent le mérite. Il s'agit sans aucun doute de leur bébé, car il présente toutes les caractéristiques de leur habileté... Le *Daily Mail* de Londres a déclaré à son sujet qu'il s'agissait de "l'imposture la plus élaborée que l'histoire ait jamais perpétrée".
>
> Sous le prétexte de rédiger un traité de paix avec l'Allemagne, cette conférence de paix a établi la Palestine comme foyer pour les Juifs et a investi le gouvernement britannique d'un mandat pour le gouvernement du pays. Depuis, les Juifs sont en guerre avec les Arabes et la situation est devenue si intolérable que le gouvernement britannique a cherché à diviser le pays entre les Juifs et les Arabes et à renoncer à sa responsabilité, ce qui n'a plu ni aux Juifs ni aux Arabes.
>
> Le peuple d'Amérique ne veut pas d'un super-gouvernement ni

être dirigé par le pape de Rome ou un despote du sang de Sion. Nous y avons échappé de justesse lorsque les républicains, avec l'aide de douze démocrates obstinés, ont fait échouer le projet de la Société des Nations par une très faible marge ; car la Société des Nations était censée être cette chose même. (Olivia Maria O'Grady, pages 68, 69 et 85)

Une épitaphe appropriée (et peut-être un avertissement sinistre au monde) a été écrite par O'Grady :

> À la fin de 1938, l'effondrement de la Société des Nations est presque total. Des soixante-deux nations qui en étaient membres, il n'en restait plus que quarante-neuf. À la fin de 1940, elle avait cessé d'exister.

Elle a suivi le chemin de ses prédécesseurs — la Sainte-Alliance (tant redoutée par les Rothschild), le Concert de l'Europe et la Cour permanente d'arbitrage.

Il a échoué parce que les États-Unis ont refusé de participer et parce que l'humanité n'a pas encore été réduite à son dénominateur commun, la médiocrité.

Les notions de "Mère", "maison", "le drapeau", "le ciel" et "Dieu et la patrie" étaient encore profondément ancrées dans l'esprit et le cœur des gens. Une autre guerre, et peut-être même une autre, serait nécessaire avant que ces concepts "bourgeois réactionnaires" ne soient rayés du cerveau des êtres humains.

Mayer Amchel Rothschild

LA DYNASTIE ROTHSCHILD

La maison de la famille Rothschild sur la Judenstrasse à Francfort, Allemagne.

Gutte Schnapper Rothschild

Jacob James Rothschild

Lionel Rothschild

Les fils les plus célèbres de Rothschild qui contrôlaient une fortune de plusieurs milliards de dollars. Salomon, Nathan et Karl Rothschild

Manoir de Waddesdon (Mansion), une résidence de campagne des Rothschild en Angleterre

Château de Ferrières de Jacob James Rothschild

Napoléon Bonaparte et Arthur Wellesley (le duc de Wellington)

Le maréchal Soult et le général Blücher

CHAPITRE 13

La Société des Nations : une tentative d'établir un gouvernement mondial unique

L'un des aspects les plus étonnants de la Société des Nations est la grande pression exercée pour la faire accepter par les États-Unis, et les efforts extraordinaires déployés à cette fin. Wilson a exigé la ratification du traité, tel qu'il était, sans discussion, sans changement et sans modification.

Le peuple américain, ayant été évalué par les agents Rothschild en Amérique comme suffisamment prêt à accepter n'importe quoi, on s'attendait à ce qu'il accepte les accords secrets conclus à huis clos en 1915. C'est ce que les Rothschild avaient l'habitude de voir se produire. C'était toujours un cas de "que notre volonté soit faite" ou alors attendez-vous à beaucoup d'ennuis.

Le 22 septembre 1919, le professeur I. Shotwell, un fabianiste américain, exige que le Sénat ratifie le traité sans délai, et Charles McParland, secrétaire général du Conseil œcuménique des Églises, appuie son plaidoyer !

Je mentionne ceci pour illustrer à quel point le socialisme international était bien ancré aux États-Unis.

Le sionisme était l'élément décisif, même à cette époque. En ce qui concerne le mouvement sioniste en Amérique, il existe un compte rendu intéressant dans *History of Zionism* de Walter Laqueur :

Ce n'est qu'en 1917 que l'organisation sioniste en Amérique a vu le jour... Mais malgré les événements en Europe de l'Est... l'impact du mouvement est à peine perceptible dans la vie américaine. L'Europe, après tout, était loin et la situation des Juifs américains et ses perspectives ne suscitaient aucune inquiétude. Le mouvement porte essentiellement le caractère de l'East Side. Il manque d'argent, de prestige et d'influence politique. Ses leaders, en revanche, sont des Juifs assimilés, comme le rabbin Stephen Wise... La percée a eu lieu pendant les premières années de la guerre en Europe, lorsque Brandeis est devenu son leader. Brandeis était l'un des avocats américains les plus respectés qui allait devenir plus tard un juge de la Cour suprême. Il a été convaincu par Jacob de Haas, un sioniste britannique et un proche associé de Herzl, qui s'était installé en Amérique en 1901.

Brandeis, selon les mots d'autres dirigeants sionistes, n'avait aucun lien avec une quelconque forme de vie juive, ne connaissait pas sa littérature et n'était pas familier avec ses traditions ; il devait redécouvrir le peuple juif. Mais une fois son imagination captivée par l'idéal sioniste, il consacra une grande partie de son temps et de son énergie au mouvement, dont il fut le président de 1914 jusqu'à sa nomination à la Cour suprême. C'est l'identification de Louis Brandeis au mouvement, plus que tout autre événement, qui a fait du sionisme une force politique. Être sioniste était soudainement devenu respectable. (Pages 160,161)

Il y a des déclarations très importantes dans cet extrait du livre de Laqueur.

1. Le sionisme n'était pas la préoccupation de la grande majorité des Juifs américains.

2. La grande majorité des Juifs américains n'étaient pas très concernés par la guerre en Europe.

3. Brandeis n'était pas un juif religieux selon l'acception généralement acceptée.

4. Le mouvement sioniste, avant que Brandeis ne le rejoigne, était essentiellement un mouvement socialiste de Juifs bolcheviques non religieux de l'Est, ceux-là mêmes que Trotsky a recrutés pour sa mission de renverser la Russie chrétienne, en d'autres termes, des Juifs sionistes.

5. La majorité des Juifs américains n'étaient pas intéressés par une migration vers Israël jusqu'à ce que Brandeis attire leur attention. Apparemment, ils ne considéraient pas la Palestine comme une "patrie", du moins pas au sens politique d'un État sioniste, car leur religion enseignait qu'il ne pouvait y avoir d'État juif avant le retour du Messie.

En toute équité et sans vouloir nuire aux Juifs, et pour être strictement objectif, j'ai fait des recherches sur des milliers de pages de l'histoire de Brandeis, mais je n'ai trouvé aucune preuve qu'il ait redécouvert sa religion juive. Je n'ai pu trouver aucune preuve que Brandeis soit devenu un juif religieux. Ce que j'ai découvert, c'est que de Haas avait converti Brandeis au sionisme actif, qui est un mouvement politique et non religieux, mouvement politique dans lequel Brandeis s'est davantage converti que Saint Paul au christianisme.

Brandeis est ensuite devenu le président provisoire de la Fédération mondiale des sionistes, en soi un organisme non religieux purement politique composé de Juifs non religieux.

L'événement historique le plus connu auquel les Rothschild ont participé à tous les stades est sans doute la "déclaration Balfour", qui est généralement considérée comme le début de l'État d'Israël sur la terre de Palestine, que les sionistes s'efforçaient de réaliser depuis cent ans. Mais en 1914, ils n'avaient pas progressé vers leur objectif, du moins aucun progrès digne d'être mentionné. Le sionisme n'était pas plus près de son objectif souvent déclaré d'un État juif en Palestine que ne l'était Herzl en 1897. Selon les archives du Congrès et les documents du British Museum, ainsi que les mémoires de guerre de Robert Lansing, l'ambassadeur américain à Londres, et les écrits de Ramsey McDonald, la Première Guerre mondiale a fourni une occasion en or de faire avancer le rêve de Herzl d'établir un État sioniste en Palestine. Lansing pousse l'Amérique à entrer dans la Première Guerre mondiale en 1915 et House, agissant pour le compte des Rothschild, se joint à lui pour faire pression sur Wilson. Les pressions exercées sur Wilson sont énormes et les États-Unis entrent en guerre en Europe contre la volonté de 87%

du peuple américain.

Les historiens de l'establishment ont toujours donné l'impression qu'une grande majorité de Juifs étaient favorables à la création d'une "patrie pour les Juifs" en Palestine. En effectuant de nombreuses recherches, j'ai découvert qu'il s'agissait en grande partie d'un exercice de propagande.

En fait, en Russie et en Grande-Bretagne, il y avait une opposition non négligeable à l'idée de la part des Juifs religieux qui croyaient qu'une telle patrie ne pouvait être établie qu'après le retour de leur Messie.

Afin d'atténuer l'attitude des Juifs religieux, Weizman prononce un discours à Londres le 20 mai 1917, dans lequel il affirme savoir que le gouvernement britannique est prêt à soutenir les projets sionistes pour la Palestine.

Bien sûr, il n'était pas officiellement autorisé à faire une telle déclaration, mais sachant sans doute que le pouvoir et le prestige de Lord Rothschild l'emporteraient plus que probablement, il l'a fait quand même. L'opposition juive religieuse antisioniste, sous la direction de Claude Montefiore de la célèbre dynastie juive Montefiore, est extrêmement contrariée, d'autant plus que Weizman avait qualifié les juifs religieux de "petite minorité".

Selon *A History of Zionism*, une lettre, signée par Montefiore et David Alexander, les présidents du British Board of Deputies, fut envoyée au journal *London Times*, qui fut publiée le 24 mai 1917, sous le titre *Palestine and Zionism, Views of Anglo-Jewry* :

> Ils réitèrent leur protestation contre la théorie sioniste d'une nationalité sans domicile fixe, qui, si elle était généralement acceptée, aurait pour effet d'anéantir partout les Juifs comme un anachronisme ; la religion est le seul critère certain. Les signataires ont également déclaré que ce serait une calamité si les colons juifs en Palestine devaient obtenir des droits spéciaux sous forme de privilèges politiques ou de préférence économique. Ceci était en contradiction avec le principe de l'égalité des droits pour tous. Cela compromettrait les Juifs partout où ils ont obtenu des droits égaux et impliquerait les Juifs palestiniens dans les querelles les plus âpres avec leurs voisins

d'autres races. (Pages 193, 194)

La sagesse et la clairvoyance des juifs religieux non sionistes se reflètent dans les événements tragiques qui ont frappé la Palestine, qui reste en proie à l'agitation jusqu'à ce jour. Des années plus tard, leur point de vue a été repris par une organisation juive religieuse, les Amis de Jérusalem (Naturei Karta). Dans une série de 12 annonces pleine page parues dans le *New York Times*, ils ont décrié l'État d'Israël comme un État illégitime, établi en totale désobéissance flagrante aux juifs religieux et à la Torah et comme une calamité pour les juifs orthodoxes.

CHAPITRE 14

Le gouvernement britannique trahit les Arabes et Lawrence d'Arabie

Par une bonne dose de ruse impliquant la trahison de Lawrence d'Arabie, des accords secrets entre Anglais et Français (le traité Sykes-Picot), les deux gouvernements ont décidé de se partager les terres arabes à la fin de la guerre. Cela vous paraît-il extraordinaire ? Oui, cela l'était et n'a pu être fait qu'avec le soutien des Rothschild. L'une de ces tromperies consistait en une lettre du dirigeant sioniste, Sokolow, qui désignait un autre sioniste, un certain Sacher, pour préparer un projet adressé à Balfour, selon lequel la reconstitution de la Palestine en tant qu'État juif était l'un de ses objectifs de guerre essentiels. Ayant des doutes, Sokolow pense que c'est trop ambitieux :

> "Si nous demandons trop, nous n'obtiendrons rien", un point de vue évidemment partagé par Lord Rothschild. Cependant, ils sont consternés lorsque le Foreign Office publie son propre projet, qui emploie des termes tels que "asile", "refuge" et "sanctuaire" pour les victimes de persécutions juives. Inutile de dire que ce projet est rejeté par les sionistes, qui insistent sur le fait que la déclaration n'aurait aucune valeur si le principe de la reconnaissance de la Palestine comme foyer national pour le peuple juif n'était pas affirmé. Finalement, le 18 juillet, Rothschild soumet une formule de compromis à Balfour. Elle ne mentionne pas un État juif, mais un foyer national.
>
> (*A History of Zionism*, pages 195–196 Sokolow, *Geschite des Zionismus*, British Museum Papers)

Malheureusement, les voix de protestation des dirigeants juifs religieux ont été noyées par le sionisme politique, qui, avec le soutien des Rothschild, a fait pencher la balance en leur faveur. Ramsey McDonald a résumé ses sentiments à l'égard de ce comportement sournois :

> Nous avons encouragé la révolte arabe en Turquie en promettant de créer un royaume arabe à partir des provinces arabes de l'Empire ottoman, y compris la Palestine.
>
> En même temps, nous encouragions les Juifs à nous aider en leur promettant que la Palestine serait mise à leur disposition pour la colonisation et le gouvernement ; et aussi en même temps nous faisions avec la France l'accord Sykes-Picot partageant le territoire, que nous avons chargé notre gouverneur général en Égypte de promettre aux Arabes. L'histoire est celle d'une duplicité grossière et nous ne pouvons échapper à la réprobation qui en découle.

Que voulait dire exactement McDonald quand il a dit : À l'époque, nous encouragions les Juifs à nous aider en leur promettant que la Palestine serait à eux. Comment les Juifs devaient-ils aider pendant la guerre ? En fournissant des hommes des pays juifs pour combattre les Turcs comme le faisaient les Arabes ? Non, ce n'était pas du tout ça. Les sionistes n'ont fourni aucune main-d'œuvre pour aider les Britanniques et les Arabes à combattre les Turcs. Comment les sionistes ont-ils aidé ?

Ils ont persuadé le Congrès américain de déclarer la guerre à l'Allemagne contre la volonté de 87% du peuple américain. Pour cela, dans le dos des Arabes et des autres résidents palestiniens, dont les ancêtres vivaient en Palestine depuis 7000 ans ; les Britanniques, avec la complicité des États-Unis, ont promis la Palestine aux sionistes bien qu'aucune loi internationale ne les y autorisa à le faire.

Seules quelques voix se sont élevées pour protester contre ce qu'Arnold Toynbee a appelé "la calamité". Plusieurs écrivains, dont Olivia Maria O'Grady, se sont joints à la protestation contre le plan de partage Sykes Picot qui a conduit à la "déclaration Balfour" :

> Tout au long de la guerre, l'Angleterre et ses alliés n'ont cessé

de proclamer qu'ils se battaient pour la liberté du monde. Quel type de liberté est contenu dans la déclaration Balfour ? De quel droit la Grande-Bretagne se propose-t-elle de disposer de la terre d'un autre peuple ? Sur quelle base morale une nation peut-elle chercher à établir un foyer national pour un peuple étranger sur le territoire d'une autre ? La Palestine n'appartenait pas à la Grande-Bretagne.

Arnold Toynbee était un historien britannique très apprécié et une personnalité publique de premier plan qui avait reçu une reconnaissance universelle pour son œuvre, *A Study of History*, comprenant dix volumes, constituant un réexamen exhaustif du développement humain à la lumière de la philosophie idéaliste de l'histoire.

Ainsi, personne n'oserait qualifier McDonald, Toynbee et Lawrence d'Arabie d'"anti-juifs" ou d'"antisémites", menace qui avait empêché tant d'autres personnes partageant les mêmes idées de dénoncer la duplicité du gouvernement britannique telle qu'elle s'exprimait dans l'illicite déclaration Balfour. Toynbee a exprimé son sentiment de colère face à la trahison des Arabes au sujet de la Palestine dans *A Study of History*.

> Alors que la responsabilité directe de la calamité qui a frappé les Arabes palestiniens en 1948 était sur la tête des Juifs sionistes qui ont pris le Lebensraum pour eux-mêmes en Palestine par la force des armes cette année-là, une lourde responsabilité indirecte était sur la tête du peuple du Royaume-Uni, car les sionistes n'auraient pas eu en 1948 l'occasion de conquérir un pays arabe dans lequel ils n'avaient qu'une minorité négligeable en 1918 si, pendant les trente années qui ont suivi, le pouvoir du Royaume-Uni n'avait pas été exercé continuellement pour rendre possible l'entrée des l'entrée d'immigrants juifs en Palestine, contre la volonté, en dépit des protestations et sans tenir compte des prévisions des habitants arabes du pays qui, en 1918, devaient devenir les victimes de cette politique britannique longtemps poursuivie.

Lawrence d'Arabie (le Colonel Lawrence), qui pourrait moins encore être accusé de parti pris anti-juif ou taxé d'"antisémite", n'a pas gardé le silence sur la trahison de son engagement envers les Arabes :

> Si nous gagnions la guerre, les promesses faites aux Arabes restaient lettre morte. Pourtant, l'inspiration arabe était notre principal outil pour gagner la guerre d'Orient. Je leur ai donc assuré que l'Angleterre tenait sa parole à la lettre et dans l'esprit. Grâce à cette assurance, ils ont accompli leurs belles choses ; mais, bien sûr, au lieu d'être fier de ce que nous avons fait ensemble, j'en ai finalement éprouvé une honte amère.

D'autres voix s'ajoutent à ce que Lawrence avait exprimé comme un sentiment de trahison totale, parmi lesquelles O'Grady :

> Le colonel Lawrence avait de bonnes raisons d'avoir honte. Alors que les Arabes se battaient et mouraient pour l'Angleterre, le ministre britannique des Affaires étrangères, Arthur Balfour, échangeait la Palestine contre une promesse juive d'amener les États-Unis à entrer en guerre aux côtés de l'Angleterre. En plus de cette trahison, l'Angleterre et la France, par les termes du traité Sykes-Picot, ont accepté de diviser les terres arabes entre elles à la fin de la guerre.

J'ai réfléchi pendant des mois à la déclaration de Toynbee, parce que, compte tenu de ses origines et de ses affiliations, il était hautement improbable qu'il exprime des sentiments un tant soit peu critiques à l'égard des sionistes ou de ses mentors, Rockefeller et Rothschild.

Selon les documents des dossiers du War Office (et des copies au British Museum), Toynbee était le protégé de Lord Bryce, un adepte des radicaux philosophiques. Toynbee a suivi les traces de Bryce en écrivant un article pour l'Encyclopedia Britannica, 9ème édition.

L'article était intitulé *German Terror in France : A Historical Record* et il s'agissait d'un exercice de propagande anti-allemande sans complexe, publié, de manière significative, à New York en 1917. De toute évidence, il s'agissait d'une incitation à aider le président Wilson dans sa lutte pour entraîner l'Amérique dans la guerre en Europe. Bien qu'aucune des allégations de brutalité allemande n'ait pu être prouvée, l'article a été largement accepté comme vrai.

C'est exactement le genre de justification dont Wilson avait besoin de la part d'un membre du Balliol College, à Oxford, pour expliquer pourquoi l'Amérique devait envoyer ses fils mourir en France "pour que le monde soit sûr pour la démocratie".

Nous entendons ensuite parler de Toynbee lorsqu'il est nommé membre de la délégation britannique à la Conférence de paix de Paris, un poste peu prestigieux qu'il mettrait en péril au moment de son projet d'avenir au Royal Institute for International Affairs, l'organe de politique étrangère du Comité des 300.

En tant que tel, Toynbee devait être intimement familier des promesses faites au shérif de La Mecque, à Hussein bin Ali et au colonel Lawrence, et de l'ampleur de la trahison ultérieure de la confiance de ces deux hommes, qui avaient rendu possible la victoire britannique sur les Turcs.

Toynbee était l'auteur d'un ouvrage majeur, qui préconisait un gouvernement mondial unique et autoritaire, dont un exemplaire avait été remis au président Wilson par le colonel House et sur lequel reposaient de nombreux diktats de Wilson et du Royal Institute for International Affairs. J'ai découvert que Toynbee était financé à hauteur d'un quart de million de dollars, mais il n'y avait aucune indication directe qu'il était également financé par les Rothschild, bien qu'il ait pu y avoir ce lien, compte tenu du fait que c'est House qui a livré les instructions que Wilson devait suivre à la conférence de la Société des Nations.

C'est là que se trouvent les graines du désastre, l'origine de l'agitation qui se poursuit à ce jour en Palestine, et les personnes impartiales, comme les juifs orthodoxes Naturei Karta, connaissaient l'histoire bien cachée du bradage des Arabes par Rothschild et Balfour, contenue dans ce document. Les Juifs orthodoxes Naturei Karta ne sont pas d'accord avec la conception d'une "patrie juive". Ce noble mouvement juif orthodoxe est opposé à une présence sioniste en Palestine.

Quant aux chrétiens d'Europe et d'Amérique, ils sont tombés dans un état d'indifférence à l'égard du sort des "autres" habitants de la Palestine. Cela ne les honore pas ni ne témoigne de l'éthique chrétienne du fair-play incarnée par les paroles du Christ :

"Faites aux autres ce que vous voudriez qu'ils vous fassent".

À travers les âges, les philosophes, les historiens et les savants ont posé la question : Pourquoi l'histoire des guerres montre-t-elle qu'elles sont toujours déclenchées par la soi-disant "élite", les dirigeants des nations ? L'une des raisons, énoncée par Henry Clay, est que lorsqu'il y a du mécontentement au sein de la population, la menace étrangère est utilisée comme prétexte pour réprimer cette agitation.

La deuxième raison, et peut-être la plus importante, est que toutes les guerres sont d'origine économique. Étant donné que le contrôle des banques et des finances est entre les mains de l'élite, il est connu que celle-ci déclenche des guerres pour des gains économiques. Par exemple, les banquiers internationaux ont récolté d'énormes fortunes lors de la Première Guerre mondiale. Les Rothschild ont tiré d'énormes profits du financement des deux camps de la guerre civile américaine.

Il y a aussi la théorie de Bertrand Russell, selon laquelle les guerres diminuent les populations. Aux yeux du Comité des 300, le monde est rempli d'un trop grand nombre de personnes, qui épuisent les ressources naturelles de la planète à un rythme alarmant. La solution, selon Russell, consiste à se débarrasser de ce qu'il appelle les "mangeurs inutiles", qui devraient être abattus à intervalles réguliers.

Les dix millions de morts de la Première Guerre mondiale n'ont pas suffi à satisfaire Russell, qui a défendu l'idée que des pestes et des pandémies devaient être introduites à intervalles réguliers pour éliminer les "mangeurs inutiles" qui avaient échappé aux guerres. La pandémie de SIDA a été délibérément introduite dans l'espoir qu'elle éliminerait des millions de personnes du bassin de "population excédentaire".

L'élite a conçu des moyens de préserver ses membres des fléaux, comme en témoigne le succès de la lutte contre la pandémie de peste noire au Moyen Âge. En ce qui concerne le service militaire du type de celui auquel sont confrontés les fantassins, l'élite a un palmarès de tactiques d'évitement réussies, comme en témoigne le palmarès du président G. W. Bush et du vice-président Richard

Cheney. Il ne s'agit pas de cas isolés, mais on les trouve en abondance dans les archives de toutes les nations.

CHAPITRE 15

Un double discours sournois

William L. Langer, professeur d'histoire Coolidge, émérite de l'université de Harvard, a résumé la situation politique en 1915 de la manière suivante :

> "Campagnes en Turquie asiatique, 1916-1917... La Palestine devait être placée sous une administration internationale. 9 mai 1916, Accord Sykes-Picot entre la Grande-Bretagne et la France... les territoires mentionnés dans l'accord ci-dessus seront administrés par la France et la Grande-Bretagne, tandis que le reste de l'Arabie sera divisé en sphères d'influence française et britannique, mais organisé comme un État arabe ou une fédération d'États."

Dans un sous-entendu classique, le Professeur Langer a ensuite ajouté :

> "Ces accords n'étaient pas entièrement compatibles avec d'autres accords conclus avec les chefs arabes, accords qui, en effet, n'étaient pas compatibles entre eux."

En d'autres termes, deux mandats différents ont été établis, offrant deux séries d'objectifs, l'un totalement inconnu des Arabes.

Y a-t-il des antécédents de telles actions par un président américain qui aient jamais été approuvées ? La Constitution américaine permettait-elle à Wilson de mener ses négociations, essentiellement dans l'intimité, avec des personnes privées non sanctionnées officiellement par leur gouvernement ? La réponse à ces questions doit être négative. Les conséquences pour le gouvernement américain et pour le peuple américain étaient considérables et humiliantes. De plus, il n'y a jamais eu d'explication pour le peuple américain sur la raison pour laquelle la Déclaration Balfour a été soumise à Lionel Rothschild pour son acceptation, puisqu'il n'occupait aucune position officielle ? Pour cette seule raison, la Déclaration Balfour était et reste un document fallacieux. Il est clair que déjà à ce moment-là, le gouvernement britannique avait commencé à jouer un double jeu avec les Arabes et leur brillant leader britannique, le colonel Thomas Edward Lawrence, mieux connu sous le nom de "Lawrence d'Arabie".

Le professeur Langer remonte ensuite deux ans en arrière, jusqu'au 31 octobre 1914, et donne un compte rendu complet de la position géographique des Arabes, et de ce que la Grande-Bretagne a fait pour tenter d'arracher la victoire des mâchoires de la défaite dans la guerre du Moyen-Orient :

> "Lord Kitchener (commandant des forces britanniques) avait offert à Hussein, le grand shérif de la Mecque, une garantie conditionnelle d'indépendance. Des négociations entre le shérif et le gouvernement britannique ont été entamées en juillet 1915. Le 30 janvier 1916, les Britanniques acceptent les conditions de Hussein, laissant indéterminé le statut exact de Bagdad et de Bassora ainsi que de la sphère d'influence française en Syrie."

Il convient de noter qu'il n'est pas fait mention ici d'une "patrie juive" en Palestine réservée aux Juifs.

> "Le 5 juin 1916, c'est le début des révoltes arabes dans le Hedjaz et une attaque contre la garnison turque de Médine.
>
> Le 7 juin, Hussein proclame l'indépendance du Hedjaz et la garnison (turque) de Médine se rend.
>
> Le 29 octobre, Hussein est proclamé roi de tous les Arabes. Il appelle les Arabes à faire la guerre aux Turcs.
>
> Le 15 décembre, le gouvernement britannique reconnaît Hussein comme roi du Hedjaz, et de tous les Arabes. C'est en grande partie pour renforcer l'insurrection arabe que Sir Archibald Murray, (commandant en Égypte depuis le 19 mars 1916) a décidé d'une offensive prudente dans le Sinaï et en Palestine. Au cours de toutes ces révisions et actions militaires, il n'a jamais été question d'un "foyer juif" en Palestine dans les négociations

et les accords entre le gouvernement britannique et les Arabes. Il serait certainement prudent de supposer que si cela avait été mentionné, les Arabes l'auraient refusé sur-le-champ et n'auraient jamais pris El Arish. La majorité des historiens sont d'accord sur ce point essentiel.

Le 21 décembre 1916, les Britanniques prennent El Arish, après avoir construit une voie ferrée et un pipeline à travers le désert. Les 17-19 avril 1917, les Britanniques sont repoussés par une force combinée de Turcs et d'Allemands avec de lourdes pertes. Le 28 juin, Murray est remplacé par Sir Edmund Allenby.

Le 6 juillet commença l'émergence du spectaculaire héros de guerre, le colonel Thomas E. Lawrence, qui galvanisa le mouvement arabe et prit Aqaba, commençant ainsi les brillantes poussées contre les garnisons turques et surtout contre les gardes du chemin de fer du Hijaz, le lien le plus important des communications turques. L'histoire confirme que tous ces combats le long du chemin de fer du Hijaz et d'Aqaba ont été menés uniquement par des forces arabes sous le commandement de Lawrence. Aucune troupe britannique n'a été impliquée dans ces campagnes clés et il n'est pas fait mention d'une quelconque participation de forces juives. Langer et d'autres historiens admettent volontiers que sans l'aide des Arabes, les Britanniques n'auraient pas été en mesure de chasser la Turquie d'Arabie et de Palestine. En fait, ce sont les Arabes, sous la direction de Lawrence, qui ont chassé les Turcs d'Arabie et de Palestine. Il est tout à fait illogique de croire que les Arabes sous Lawrence et ses promesses l'ont fait en sachant qu'une 'Patrie pour les Juifs' serait la récompense de leur combat."

Langer poursuit en disant :

Sur le front de Palestine, le nouveau commandant britannique, le général Edmund Allenby, avait commencé son avancée en octobre 1917... Le 9 décembre, Allenby prend Jérusalem. L'avance britannique fut retardée par le fait qu'Allenby avait été obligé d'envoyer d'importants contingents de son armée en France pour faire face à la crise sur le front en France où l'armée britannique était vaincue avec de lourdes pertes, et pour arrêter les avancées allemandes victorieuses. L'armée britannique ordonne le retour de toutes ses forces combattant en Mésopotamie et en Turquie sur les fronts allemand et français afin d'aider à endiguer l'avancée des troupes françaises et allemandes en Europe.

Je soupçonne qu'il n'y avait plus de troupes britanniques en Palestine, à l'exception de quelques troupes de garnisons et de ravitaillement, la grande majorité ayant été envoyée en France le 18 mars 1918. La déclaration de Langer, selon laquelle les forces britanniques ont été aidées matériellement par les Arabes, est fausse. Ce sont les forces arabes, aidées par quelques troupes britanniques restées sur place après l'envoi de l'armée britannique principale en France, qui ont mené le gros des combats. Langer ajoute que les forces britanniques ont mis fin à la présence turque en Palestine. Je suggère que son récit est manifestement faux.

Ce sont les forces arabes qui ont mis fin à la présence turque en Palestine. Aucune troupe française, britannique ou juive n'était présente lors des grandes batailles en Palestine. C'est un fait incontesté. Toynbee et Lawrence ont été horrifiés et ont exprimé leur indignation face au rapport de Langer paru dans le *Times* de Londres, le déclarant faux. Il est évident que dépouillé de ses troupes britanniques, Allenby a dû s'appuyer sur les forces arabes pour poursuivre sa campagne contre les Turcs, sachant que les Arabes aguerris aux combats repousseraient les Turcs hors de Palestine lors de leur campagne du 8 septembre 1918. Langer déclare :

> Les Britanniques brisent les lignes turques près de la Méditerranée et commencent à laminer les forces ennemies. Les forces britanniques, aidées matériellement par les Arabes sous les ordres de Lawrence, sont maintenant en mesure de pousser vers le nord.

Là encore, Langer s'efforce de minimiser le rôle clé joué par les forces arabes qui ont mené la plupart des combats. A la page 316 de son livre, l'historienne O'Grady donne son avis sur les événements de Palestine :

> Avec l'armée britannique marchant sur la Terre Sainte, les perspectives juives pour la Palestine aux mains du Kaiser commencent à s'estomper. Si la Grande-Bretagne garantissait

aux juifs du monde entier un pied à terre en Palestine, ils travailleraient pour la Grande-Bretagne. Des négociations sont entamées avec le gouvernement britannique en février 1917, Sir Mark Sykes étant le principal intermédiaire. Le 2 novembre 1917, Lord Balfour a réduit les résultats des négociations secrètes et des communications étendues entre des personnes privées aux États-Unis dans une lettre adressée à Lionel Rothschild, le roi non couronné d'Israël.

Cette lettre, qui sera connue sous le nom de "Déclaration Balfour", se lit comme suit :

> Cher Lord Rothschild, j'ai le grand plaisir de vous transmettre, au nom du gouvernement de Sa Majesté, la déclaration suivante de sympathie aux aspirations sionistes juives, qui a été soumise au Cabinet et approuvée par celui-ci.
>
> Le gouvernement de Sa Majesté considère avec faveur l'établissement en Palestine d'une patrie nationale pour le peuple juif et fera tout son possible pour faciliter la réalisation de cet objectif, étant clairement entendu que rien ne sera fait qui puisse porter préjudice aux droits civils et religieux des communautés non juives en Palestine ou aux droits et au statut politique dont jouissent les Juifs dans tout autre pays. Je serais heureux si vous pouviez porter cette déclaration à la connaissance de la Fédération sioniste.

Les Juifs se sont efforcés de faire croire au public des gentils que Lord Balfour, voyant la "justice" de leur cause, a écrit la déclaration après avoir "vendu" l'idée au gouvernement britannique. En rapportant la publication de la lettre, les sionistes ont dit :

> La déclaration Balfour est appelée à juste titre "Déclaration Balfour", non seulement parce que c'est Sir Arthur Balfour, en tant que ministre des Affaires étrangères, qui a rédigé la lettre historique, mais aussi parce que, plus que tout autre homme d'État, il est responsable de la politique incarnée dans la déclaration.

Par souci d'équité envers le peuple juif, j'ai cherché, mais je n'ai pu trouver aucune référence à Lawrence d'Arabie ou au shérif Hussein, ni à aucun des dirigeants du peuple vivant en Palestine, qui auraient été consultés par Balfour ou Sykes, bien qu'une recherche diligente ait été faite pour voir si cela avait peut-être été enregistré et avait échappé à l'attention des chercheurs, mais ce n'était pas le cas. Poursuivons avec O'Grady :

> Et bien sûr, rien ne pourrait être plus éloigné de la vérité. Le projet original a été écrit par les Juifs eux-mêmes. Qui était le juge Brandeis qui l'a rédigé ? Brandeis était un socialiste d'extrême gauche du parti démocrate américain, un juge de la Cour suprême des États-Unis et un membre de plusieurs organisations sionistes. Tout au long des négociations d'Arthur Balfour et de Lord Rothschild, dont aucune n'a jamais inclus le Chérif Hussein ou Lawrence d'Arabie ; Brandeis a agi en tant que citoyen américain et n'a jamais été autorisé par le Congrès, ni par le Département d'État à agir en tant que porte-parole du gouvernement américain.

L'historienne O'Grady précise ensuite que "le président Wilson l'a approuvé". Cela soulève des questions importantes : Lorsque Wilson s'est impliqué dans les "discussions" entre Brandeis, Lionel Rothschild, Lord Balfour et le parti sioniste américain, agissait-il à un autre titre que celui de président ?

* Si la réponse est négative, Wilson agissait-il officiellement dans son rôle de président des États-Unis ?

* Le Congrès avait-il approuvé les actes de Wilson et étaient-ils financés par le Congrès des États-Unis ?

* Si dans l'affirmative, Wilson avait-il été autorisé par une Résolution du Congrès américain pour agir à quelque titre que ce soit ?

> Le président Wilson l'approuve, et elle est ensuite soumise à Balfour pour signature. Aucun événement dans l'histoire des États-Unis n'est plus humiliant. Il n'y a aucune explication quant à la raison pour laquelle la Déclaration a été écrite par Brandeis, qui n'occupait aucune fonction gouvernementale, puis soumise à Lionel Rothschild, qui n'occupait aucune fonction officielle au sein du gouvernement britannique. (Maria O'Grady)

Les activités de coulisses qui se sont déroulées sont expliquées par le Dr Jacob de Haas, dans sa biographie du juge Brandeis :

> Un nombre considérable de projets [de la déclaration Balfour] ont été rédigés à Londres et transmis aux États-Unis par les canaux du War Office pour être utilisés par le Comité politique sioniste américain. L'ascendant américain dans les conseils de guerre a conduit les Britanniques à demander le consentement du président Wilson et l'approbation de la terminologie de la déclaration avant sa publication.
>
> Le projet qui a été câblé de gouvernement à gouvernement a été remis au régime Brandeis pour son approbation. Après une révision des plus nécessaires, le président Wilson, agissant par l'intermédiaire du colonel House, qui était en pleine sympathie avec les objectifs sionistes, autorisa le câblage au gouvernement britannique de la version qui fut publiée, et à laquelle tous les gouvernements alliés donnèrent à leur tour leur approbation.
>
> Le "régime Brandeis" fait référence au Comité provisoire des affaires générales sionistes dont Brandeis était le président. Vous, le lecteur, pouvez-vous imaginer cela ? Des brouillons par câble, les États-Unis, le ministère de la guerre britannique, tous travaillent au profit des sionistes ! Quel immense pouvoir ils exercent !

Là encore, il n'est pas fait mention d'une quelconque consultation d'Hussein, de Lawrence, des dirigeants arabes ou du peuple de Palestine, et il ne semble pas non plus que le Congrès des États-Unis ait eu connaissance des négociations secrètes entre le comité Brandeis du gouvernement non américain et Lord Rothschild, Wilson et Balfour. Seuls les sionistes ont été consultés.

> La plupart des étudiants en intrigues juives soupçonnaient les plans et les objectifs britanniques et juifs derrière la Déclaration Balfour. Bien que les États-Unis soient entrés en guerre depuis près de sept mois lorsque la Déclaration a été rendue publique, son importance en tant que facteur impliquant les États-Unis n'est pas passée inaperçue.
>
> Il existait de nombreux éléments de preuve permettant de tirer des conclusions précises. Cependant, les négociations gouvernementales pour des transactions de cette nature sont toujours secrètes, et il est généralement très difficile d'obtenir des preuves concluantes au moment de la transaction.

Lorsque l'événement est irréparable et qu'il se perd dans les brumes du passé, les hommes ont tendance à écrire leurs mémoires et à se vanter d'exploits secrets qui ont un jour fait trembler le monde. C'était le cas de M. Landman. Il a été secrétaire honoraire du Second Joint Zionist Council du Royaume-Uni, éditeur du *Zionist* et secrétaire et avocat de l'Organisation sioniste. Plus tard, il a été conseiller juridique de la Nouvelle Organisation Sioniste.

Sous le titre "Great Britain, the Jews and Palestine", publié dans le *London Jewish Chronicle* du 7 février 1936, M. Landman écrit en partie ce qui suit :

> Pendant les jours critiques de la guerre, en 1916, alors que la défection de la Russie était imminente et que l'opinion juive était généralement anti-russe, et qu'elle espérait que l'Allemagne, si elle était victorieuse, leur donnerait la Palestine dans certaines circonstances, plusieurs tentatives ont été faites par les Alliés pour amener l'Amérique à entrer dans la guerre de leur côté. Ces tentatives n'ont pas abouti.
>
> M. George Picot, de l'ambassade de France à Londres et Gout de la section orientale du Quai d'Orsay, qui était à l'époque en contact étroit avec feu Sir Mark Sykes, du Secrétariat du Cabinet, a saisi l'occasion de convaincre les représentants des gouvernements britannique et français que le meilleur et peut-être le seul moyen d'inciter le président américain à entrer en guerre était d'obtenir la coopération des juifs sionistes en leur promettant la Palestine.
>
> Ce faisant, les Alliés enrôleraient et mobiliseraient la puissante force jusqu'alors insoupçonnée des Juifs sionistes d'Amérique et d'ailleurs en faveur des Alliés sur la base d'une contrepartie. À cette époque, le président Wilson attachait la plus grande importance possible à l'avis du juge Brandeis.
>
> Sir Mark a obtenu du cabinet de guerre la permission d'autoriser M. Malcolm à approcher les sionistes sur cette base, ni Mark Sykes ni M. Malcolm ne savaient qui étaient les dirigeants sionistes, et c'est à M. L. J. Greenberg que M. Malcolm s'est adressé pour savoir vers qui il devait se tourner... Les sionistes ont rempli leur rôle et ont contribué à faire entrer l'Amérique, et la déclaration Balfour du 2 novembre 1917 n'était que la confirmation publique de l'accord verbal de 1916.

> Cet accord verbal a été conclu avec l'assentiment préalable et l'approbation non seulement des gouvernements britannique, français, américain et des autres gouvernements alliés, mais aussi des dirigeants arabes... Comme déjà expliqué ailleurs en détail, le Dr Weitzman et M. Sokolow savaient que M. James Malcolm était venu à eux en tant qu'émissaire du Cabinet de guerre britannique, qui l'avait autorisé à dire en leur nom que l'Angleterre donnerait la Palestine aux Juifs en échange de l'aide sioniste, par l'intermédiaire du juge Brandeis, pour inciter les États-Unis à venir à l'aide des Alliés. Sir Mark Sykes et M. Malcolm ont tous deux informé les représentants arabes à Londres et à Paris que, sans l'aide des États-Unis, les perspectives de création d'un État arabe après la guerre étaient problématiques, et qu'ils devaient donc accepter que la Palestine revienne aux Juifs en contrepartie de leur aide pour faire intervenir les États-Unis.

Après de nombreuses recherches assidues, je n'ai pas pu trouver les noms des "représentants arabes à Paris et à Londres" prétendument informés du complot visant à aller au-delà des promesses faites à Hussein bin Ali, shérif de La Mecque et de Médine, et au colonel Lawrence, et M. Landman ne nomme pas ces mystérieux "représentants arabes". Cela soulève la question "pourquoi pas ?" Puisqu'il mentionne tous les autres par leur nom, pourquoi les "représentants arabes" restent-ils anonymes ?

Ce qui est tout à fait clair, c'est que ni Lawrence ni Hussein bin Ali n'ont été informés de ce qui se passait, alors qu'ils risquaient leur vie et celle de leurs hommes dans la guerre contre la Turquie, et que l'on n'a trouvé aucun document indiquant que ces deux hommes étaient au courant des négociations secrètes avec les sionistes et qu'on leur avait demandé d'envoyer leurs représentants à Londres et à Paris. Les sionistes étaient informés, mais pas le peuple américain sur le dos duquel la guerre devait être menée.

CHAPITRE 16

La "perfide Albion" est à la hauteur de sa réputation

Quoi qu'il en soit, comme le peuple américain ordinaire, Lawrence et Hussein bin Ali ne savaient rien de ce que Ramsey McDonald appelait "un triple marché" qui se déroulait derrière leur dos. Et lorsque le moment est venu pour Wilson d'entraîner l'Amérique dans le conflit européen contre la volonté de la grande majorité du peuple, son excuse éculée était que la guerre était une croisade "pour rendre le monde sûr pour la démocratie". La trahison commise par Wilson perdure. Le Dr Bella Dodd a écrit en 1930 que la situation était si mauvaise sous Wilson qu'il avait le sentiment que "l'histoire moderne est en grande partie une conspiration contre la vérité". (*The Conspiracy Against God and Man*, page 9)

J'ai découvert que sans le soutien du Baron Edmond Rothschild, les colonies de sionistes russes établies à Rison, Zikron et Rosh Pina auraient échoué et qu'il n'y aurait eu pratiquement aucune présence juive en Palestine. C'était un élément clé de la stratégie des Rothschild pour faire croire que les Juifs vivaient déjà en Palestine — un subterfuge qui a fonctionné.

Rothschild a également aidé à établir deux nouvelles colonies, Ekron et Medull. Au total, vingt et une colonies agricoles existaient à la fin du siècle, mais Rothschild n'avait pas confiance dans les capacités des colons et insistait pour garder une supervision et un contrôle direct des colonies. Hubert Herring, dans son livre *And So to War*, résume le prix que les États-Unis ont dû payer pour que les sionistes puissent avoir la Palestine :

> Nous avons payé pour la guerre. Nous avons payé avec les vies de 126 000 morts, de 234 300 mutilés et blessés. Nous avons payé avec les vies disloquées de centaines de milliers de personnes que la guerre a arrachées à leur place habituelle dans un monde pacifique. Nous l'avons payé par les dommages impondérables causés à notre moral national par les fouets de l'hystérie de guerre. Nous l'avons payé par une période de confusion économique dont nous ne sommes pas encore sortis. La facture directe de la guerre a atteint le chiffre de cinquante-cinq milliards de dollars. La facture indirecte ne pourra jamais être calculée.

Et quelle était la contrepartie du côté des sionistes ? D'après ce que j'ai pu constater, cela ne représentait absolument rien. Une parenthèse intéressante est l'échec de Herzl à obtenir la bénédiction du pape Pie X pour l'immigration juive en Palestine :

> Nous sommes incapables de favoriser ce mouvement. Nous ne pouvons pas empêcher les Juifs d'aller à Jérusalem, mais nous ne pourrons jamais le bénir.

Selon *A History of Zionism*, pages 129-130, l'échange a eu lieu lors d'une réunion avec le pape en 1903, ce qui signifie que Lord Arthur Balfour savait qu'il existait une forte opposition de l'Église catholique à l'immigration sioniste en Palestine, bien avant de signer la déclaration, mais qu'il n'en a informé personne. Le schéma du double jeu était donc déjà apparent en 1903.

L'opposition catholique à Israël a peut-être contribué à la haine violente des Rothschild à l'égard de la Russie, qui compte une importante population chrétienne.

Herzl, le père du sionisme, est mort à l'âge de 44 ans. Selon *A History of Zionism*, il ne s'est jamais très bien entendu avec les Rothschild ou avec les juifs orthodoxes dont les principaux rabbins n'appréciaient pas son style autocratique. Herzl voulait toujours avoir le dernier mot sur tout.

> Comme l'ont souligné les critiques d'Herzl, il y avait très peu de choses spécifiquement juives chez Herzl. Cela apparaît peut-être plus clairement dans sa vision de l'État juif...

> Herzl envisageait un État moderne, technologiquement avancé et éclairé, éclairé par les Juifs, mais pas spécifiquement un État juif. (*Une histoire du sionisme*, pages 132-133)

> On peut difficilement prétendre que Herzl s'intéressait à la Palestine en tant que "patrie" religieuse pour les Juifs, en particulier à la lumière du fait que la plupart des nouveaux colons venaient de Russie et n'avaient aucun lien préalable avec la Palestine et qu'il n'y avait pas d'histoire de Juifs russes y ayant vécu ni de religion particulière.

> Lacquer le dit très clairement. Lord Chamberlain a proposé de fournir une "patrie" aux Juifs en Ouganda, même si ce pays n'était pas une terre à donner par le gouvernement britannique. Chamberlain dit à Herzl qu'il avait fait une visite de l'Ouganda et qu'il avait pensé : Voici une terre pour le Dr Herzl, mais bien sûr, il ne veut que la Palestine ou ses environs. Il avait raison. Herzl a balayé l'idée d'un revers de main. Sa fixation était sur la Palestine et rien d'autre ne ferait l'affaire. Le 30 mai 1903, il écrit à Rothschild : Je ne suis pas découragé. J'ai déjà un homme très puissant pour m'aider. (*A History of Zionism*, Walter Laqueur, pages 122,123)

Tel était le véritable style autocratique de Herzl en action. Bien que je n'aie pas été en mesure de découvrir de liens directs entre les Rothschild et Sir Halford Mackinder, la correspondance échangée entre intermédiaires laisse entendre que les deux hommes se sont consultés sur un certain nombre de sujets, en particulier pour la rédaction du plan du futur gouvernement mondial unique, le Nouvel Ordre Mondial, dont la réalisation avait été confiée à Mackinder. Protégé de la London School of Economics, qui était un foyer d'idéaux communistes, Mackinder a néanmoins fait bonne figure en tant que conservateur et on pense qu'il a influencé le président Wilson à la Conférence de paix de Paris quant aux mesures à mettre en œuvre pour instaurer un nouvel ordre mondial par le biais d'un mandat de la Société des Nations. Il est certain que les Rothschild ont largement contribué à la réalisation du rêve socialiste mondial. Un mois après l'arrivée de Wilson à la Conférence de paix de Paris, le nouveau livre de Mackinder, *Democratic Ideals and Reality*, est publié. Le moment de la sortie du livre n'était pas un hasard.

Dans son livre, Mackinder appelle à l'établissement d'un Nouvel Ordre Mondial (NWO) dans le cadre d'un gouvernement mondial unique, ostensiblement la Société des Nations. Si cet objectif ne pouvait être atteint par des moyens pacifiques et volontaires, il fallait alors recourir à la force.

Mackinder a admis que si le Nouvel Ordre Mondial serait idéalement une institution démocratique, on ne pouvait pas s'attendre à ce qu'il ne soit pas parfois une dictature. Les sionistes ont prétendu que la Société des Nations était leur concept et Maria O'Grady y fait référence dans son livre où elle déclare :

> Le Président Wilson était entouré de la fraternité financière juive, poussé ici et là par le sinistre Colonel House et conseillé par le sioniste Brandeis. (Page 342)

Les sionistes ont grandement favorisé le concept de la Société des Nations et l'ont revendiqué comme leur création :

> La Société est une idée juive, a déclaré Nahum Sokolow à la conférence de Carlsbad. Nous l'avons créée après une lutte de 25 ans.

Un gouvernement mondial ultime dominé par les socialistes est l'objectif de longue date du socialisme, et il est bien connu que ce concept était favorisé par les Rothschild. En tant que membre de leur propre famille, Jacob Schiff a travaillé dur pour établir une Société des Nations. Il a reçu un don de 3.000 livres de N.M. Rothschild de la branche londonienne de la famille. Comme nous le verrons, il y avait peut-être une arrière-pensée à cela, car la Société devait jouer un rôle décisif dans l'octroi d'un mandat pour la Palestine au gouvernement britannique, une étape décisive sur la voie de l'octroi d'une "patrie" pour les Juifs en Palestine. En gardant cela à l'esprit, je reviens à Lord Balfour et à sa soi-disant "Déclaration Balfour", fondée sur un double jeu, une tromperie et des accords secrets dans le dos du colonel Lawrence et des Arabes.

Balfour s'est empressé d'expliquer qu'une "patrie juive" en

Palestine ne signifiait pas l'imposition d'un État juif aux habitants de la Palestine, mais à la lumière des événements ultérieurs, cela est apparu comme l'objectif des sionistes. Comme l'a dit Balfour :

> ... mais le développement de la communauté juive existante, afin qu'elle devienne un centre dans lequel le peuple juif, dans son ensemble, pourrait prendre, pour des raisons de religion et de race, intérêt et fierté.

Ce que Balfour a omis de dire, c'est que rien de ce que les Britanniques ont fait ou dit ne pouvait masquer le fait que la Palestine ne leur appartenait pas et que le gouvernement britannique n'avait pas le moindre droit d'obtenir un mandat pour la Palestine. Mais Balfour, soutenu par Lord Nathan Rothschild, a continué à aller de l'avant, comme si les deux hommes avaient un droit inhérent d'agir de la manière arbitraire qu'ils jugeaient appropriée.

Lord Balfour a totalement ignoré le droit des Arabes et des autres groupes de population, y compris les chrétiens, qui remonte pourtant à plus de 7000 ans. Walter Laqueur, l'un des plus grands experts du sionisme, a confirmé que la plupart des Juifs qui devaient habiter la Palestine en vertu de la déclaration Balfour venaient de Russie. Ils n'avaient aucun lien préalable avec la Palestine. Laqueur a également fait remarquer que les Juifs russes n'étaient pas très heureux d'être déracinés de Russie et envoyés en Palestine :

> Les Juifs russes étaient divisés dans leur attitude à l'égard du sionisme et d'un foyer national juif (une patrie religieuse) et n'auraient de toute façon pas été en mesure de maintenir la Russie dans la guerre. D'autre part, les Alliés, pour le dire un peu crûment, auraient gagné la guerre même si aucune promesse n'avait été faite aux sionistes.

Ce que Laqueur expliquait, bien que de manière quelque peu indirecte, était le "marché" que les sionistes avaient conclu avec Balfour, à savoir que si les sionistes pouvaient amener les États-Unis à entrer en guerre aux côtés des alliés, les Britanniques établiraient en retour un foyer juif en Palestine.

> Lors d'une réunion privée peu après l'adoption de la déclaration Balfour, lorsqu'on lui demanda s'il avait eu l'intention de solliciter le soutien des Juifs dans la guerre, Balfour répondit "certainement pas" et poursuivit en expliquant qu'il avait le sentiment d'avoir contribué à redresser un tort de dimension historique mondiale. En 1922, Balfour prononça un discours dans lequel il déclara que toute la culture européenne s'était rendue coupable de grands crimes contre les Juifs, et que la Grande-Bretagne avait pris l'initiative de leur donner l'opportunité de développer en paix les grands dons qu'ils avaient, dans le passé, pu appliquer dans les pays de la Diaspora.
> (*Une histoire du sionisme*, page 203)

Balfour n'a pas expliqué pourquoi il était considéré comme légal de donner la Palestine aux Juifs alors qu'elle appartenait à un peuple qui y vivait depuis 7000 ans, d'autant plus qu'une grande étendue de terre à Madagascar, ainsi que des terres en Ouganda, avaient été offertes et rejetées sans discussion. Balfour n'a pas non plus expliqué que son geste magnanime en faveur des Juifs se ferait au détriment des populations arabes et autres non-juives de Palestine. Il n'a jamais expliqué quels liens la majorité des nouveaux colons, venus de Russie, avaient avec la Palestine.

Selon le Dr Jacob de Haas, les protestations altruistes de Balfour doivent être mises en doute, car le véritable motif de la déclaration était d'amener les États-Unis à entrer en guerre aux côtés des Alliés.

La confirmation des véritables motifs de la Déclaration Balfour est venue d'une autre source bien fondée, Congressional Record, 25 avril 1939, pages 6597-6604, qui reflète un discours prononcé au Sénat américain par le sénateur Nye :

> Il a été publié une série d'ouvrages sous le titre "La prochaine guerre". L'un des volumes de cette série est intitulé "Propaganda in the Next War". Ce volume particulier a été écrit par un certain Sydney Rogerson.
>
> Je n'ai pu obtenir aucune trace de ses antécédents ; mais le rédacteur en chef de tous ces ouvrages, y compris celui intitulé "Propagande dans la prochaine guerre" est un homme dont le nom est reconnu dans le monde entier comme une autorité en

> Grande-Bretagne. Il n'est autre que le capitaine Liddell Hart, associé au *London Times*, écrivain et autorité militaire en Europe.
>
> Je comprends que ce volume particulier intitulé "Propaganda in the Next War", publié l'automne dernier et mis en circulation, au lieu de voir sa diffusion élargie, souffre maintenant entre les mains de ceux qui désirent le retirer de la circulation. Il y a quelques jours, je suis venu sur le parquet du Sénat avec le volume lui-même. Je suis désolé de ne pas l'avoir avec moi aujourd'hui. On me dit que c'est le seul exemplaire de "Propaganda in the Next War" disponible aux États-Unis. On peut l'avoir, je peux l'emprunter si j'ai l'occasion d'en avoir besoin au Sénat, mais il n'est plus facile de l'obtenir. J'aimerais avoir l'ouvrage entier et qu'il puisse être lu par chaque membre du Sénat.

Les citations suivantes sont tirées de *Propaganda in the Next War* :

> De temps en temps, la question de savoir de quel côté les États-Unis allaient pencher était dans la balance et le résultat final a fait honneur à notre machine profanée. Il reste les Juifs. On estime que sur les 15 millions de personnes que compte le monde, pas moins de 5 millions se trouvent aux États-Unis ; 25% de la population de New York est juive. Pendant la Grande Guerre, nous avons acheté cet énorme public juif par la promesse d'un Foyer national en Palestine, considérée par Ludendorf comme un coup de maître de la propagande, car elle nous permettait non seulement de faire appel aux Juifs d'Amérique, mais aussi aux Juifs d'Allemagne.

George Armstrong, dans son ouvrage *The Rothschild Money Trust*, explique comment cela s'est produit :

> Il ne fait aucun doute qu'avant la deuxième élection du président Wilson en 1916, il nous a tenu à l'écart de la guerre. Il n'y a pas non plus de doute sur le fait qu'il a été élu sur ce slogan. Pourquoi a-t-il changé d'avis peu après l'élection ? Pourquoi a-t-il conclu un accord avec le gouvernement britannique pour aider les Alliés ? Cela a été jusqu'à présent un mystère inexpliqué.

CHAPITRE 17

Un manège à trois décide du sort de la Palestine

Ramsey McDonald a qualifié la Déclaration Balfour de "triple croix", mais la Société des Nations a commis la première erreur d'une longue série en accordant un mandat britannique le 23 septembre 1923, prouvant ainsi très tôt qu'elle n'était pas un organisme impartial, quelle que soit sa définition. En citant la Déclaration Balfour dans le préambule de la Commission du mandat, elle a traité des problèmes d'immigration et de la manière dont elle proposait de les traiter par un certain nombre d'articles, dont l'article 22 était le plus contraignant. Elle n'aborde nulle part la question de la cession par la Grande-Bretagne de terres qui ne lui appartiennent pas :

> Considérant que la Société des Nations déclare : Là où les populations ne sont pas encore en mesure de se suffire à elles-mêmes, il convient d'établir pour elles un système de gouvernement, conformément à l'opinion admise selon laquelle le bien-être et le développement de ces peuples constituent une confiance effrayante dans la civilisation.

Pour les personnes inexpérimentées, la subtilité de la façon dont les garanties de Wilson ont été court-circuitées peut ne pas être immédiatement apparente, mais ce que l'article 23 a fait, c'est de nier les garanties de Wilson "d'autodétermination et d'indépendance" et de les remplacer par le droit imaginaire de la Société des Nations de s'ingérer dans les affaires des nations et des États souverains, souillant en fait sa propre charte. Ainsi, il doit devenir évident pour les esprits justes que, dès sa création, la Société des Nations avait l'intention de s'immiscer dans les affaires intérieures des nations et des États souverains. Cette immoralité et ces manœuvres politiques sournoises se sont poursuivies de manière encore plus éhontée lorsque la SDN a donné naissance à son enfant bâtard, les Nations unies, qui ont attribué la Palestine aux sionistes en 1948, faisant ainsi violence au "droit inaliénable des peuples" incarné par l'article 22 de la défunte Ligue des parents, depuis longtemps oubliée.

Lawrence d'Arabie et le shérif de la Mecque ont été consternés par la trahison de la promesse britannique à l'égard de l'émir Hussein, qui avait combattu l'armée turque jusqu'à l'immobilisation, croyant aux promesses de Lawrence que la Grande-Bretagne tenait toujours parole.

À la Conférence de paix, les Arabes étaient représentés par l'émir Faisal, fils du shérif Hussein. Il avait commandé les troupes arabes sous la direction du colonel Lawrence, et était signataire du traité McMahon-Hussein, qui donnait l'assurance écrite que la Grande-Bretagne tiendrait son engagement et sa promesse aux Arabes concernant la Palestine.

Incapable de comprendre parfaitement l'anglais et le français et n'étant pas un homme habitué aux sombres intrigues et aux trahisons de la parole donnée, Faisal ne comprend pas ce qui se passe, si bien qu'il fait appel à Wilson, qui envoie une commission américaine, la commission King-Crane, en Palestine pour enquêter.

Ce que les membres de la Commission King-Crane rapportèrent à Wilson était surprenant : Quatre-vingt-dix pour cent de la population de Palestine s'opposait à toute immigration juive en Palestine. Citation du rapport de la Commission :

> Soumettre un peuple aussi déterminé à une immigration illimitée et à une pression financière et sociale constante pour qu'il cède ses terres serait une violation flagrante des principes que nous venons de citer, et des droits du peuple, bien que cela soit conforme aux formes de la loi, avec les meilleures intentions possibles, on peut douter que les Juifs puissent apparaître aux chrétiens et aux musulmans comme les gardiens appropriés des Lieux Saints, ou les gardiens de la Terre Sainte dans son

ensemble.

Les sionistes étaient déterminés à enterrer le rapport. Wilson, s'inclinant devant les sionistes qui l'entouraient, a compromis ses principes et un faux "système de mandat" a remplacé la clause d'"autodétermination".

Sous la supervision de la Société des Nations, un faux "mandat" pour la Palestine est attribué aux Britanniques. La croyance de Wilson en la nature "arriérée" des populations non-européennes le convainc qu'elles accepteront le système du mandat. Le rapport de la Commission King-Crane a été mis de côté, laissant l'impérialisme et le sionisme triompher sous le couvert des mandats. Le rapport de la Commission a tout simplement disparu.

Elle n'a pas été publiée dans le *London Times* ou le *New York Times*, et n'a pas non plus été versée aux affaires de la Chambre et du Sénat. Je le répète, il a tout simplement disparu ! Mais heureusement pour "le droit inaliénable des peuples à disposer d'eux-mêmes", le rapport a été publié dans une publication mineure appelée "Editor and Publisher". Comment et pourquoi a-t-il "disparu" ? Le lecteur peut tirer ses propres conclusions, qui sont plutôt évidentes.

> Lorsque le juge Brandeis entendit que les fonctionnaires britanniques qui administraient le mandat ne favorisaient pas les Juifs, il partit immédiatement pour la Palestine, accompagné de son biographe, le Dr de Haas. À leur arrivée en Terre sainte, ils constatent que les rapports ne sont que trop vrais. Le Dr de Haas écrit que le commandant en chef britannique et les aides militaires et civils considéraient la déclaration Balfour comme un épisode oublié de la guerre. Le juge de la Cour suprême américaine s'est adressé directement à Balfour.

Une note supplémentaire : j'insiste sur le fait qu'un juge suprême américain s'est rendu en Palestine pour admonester un fonctionnaire britannique, un ministre des Affaires étrangères, rien de moins, et a exigé que l'administration palestinienne soit réprimandée ! Qui avait donné à ce non-officiel américain, non-représentant du gouvernement américain, une telle autorité ? Par cette démonstration arrogante de pouvoir, Brandeis intimidait tous ceux qui s'opposaient à la politique sioniste pour la Palestine.

> Quelques heures plus tard, le ministère britannique des Affaires étrangères rappelait aux autorités militaires d'Égypte et de Palestine, non seulement le contenu verbal de la déclaration Balfour, mais aussi que la question était "chose-jugée", c'est-à-dire très actuelle.
>
> Un certain nombre de responsables palestiniens ont sollicité des échanges souhaitables et le colonel Meinertzhagen, un sioniste convaincu, a été envoyé en Palestine. Il n'y a pas eu de protestations, pas d'agitation politique. La diplomatie d'action directe de Brandeis avait obtenu des résultats. (Dr Jacob de Haas, biographe du juge Brandeis)

Comment diable une personne n'ayant aucun statut officiel au sein du gouvernement, aucune position officielle, peut-elle se rendre en Palestine et en Grande-Bretagne et commencer à exiger que les sionistes soient obéis ? Je devrais peut-être revenir sur mes pas et relier certains des fils.

C'est un fait que lorsque Brandeis est allé voir Balfour, ce dernier a immédiatement contacté Lord Nathan Rothschild, qui, semble-t-il, a donné le feu vert aux mesures que Balfour lui a dit vouloir prendre. Ainsi, à mon avis, il existe un lien certain entre l'avancement des plans sionistes pour la Palestine et Lord Rothschild, ce qui nous ramène directement à Balfour, puis à Brandeis.

* Le ressentiment des Arabes se transforme en violence en 1929 ;

* La controverse entre juifs et Arabes concernant les droits sur le Mur des Lamentations du Temple d'Hérode se transforme en conflit ouvert ;

* Les Arabes chrétiens se joignant aux mahométans contre les Juifs.

> Une commission britannique a rapporté que les troubles étaient causés par la crainte croissante des Arabes d'une majorité juive grandissante et de l'acquisition systématique de terres par les

envahisseurs. La Commission recommande de restreindre l'immigration et l'achat de terres. Malgré les cris des sionistes, les recommandations sont acceptées. Le gouvernement britannique publie les conclusions dans ce qu'on appelle le Livre blanc, le 20 octobre 1930... En novembre 1938, le gouvernement britannique annonce qu'il abandonne la proposition de partition et tente de promouvoir une entente entre les Arabes et les sionistes. Les Arabes adoptèrent la position compréhensible selon laquelle leur pays leur était volé et que les négociations étaient de l'ordre du marchandage avec un voleur pour la restitution d'une partie de vos biens.

Lorsque les Arabes et les Juifs ne parviennent pas à se mettre d'accord, les Britanniques annoncent qu'ils doivent trouver leur propre solution. Dans son Livre blanc du 17 mai 1939, elle rejette ses interprétations antérieures de la Déclaration Balfour comme étant contraires aux obligations britanniques envers les Arabes. Les hommes d'État britanniques se sont sans doute rendu compte de l'injustice de la déclaration Balfour envers les Arabes après qu'il ait été trop tard pour faire quelque chose. Le soi-disant Livre blanc MacDonald de 1939 était un désir apparemment sincère de corriger l'erreur de 1917. En tentant de rationaliser la politique de Balfour, le Livre blanc insistait sur le fait que la patrie juive en Palestine avait déjà existé. Pour qu'il n'y ait aucun doute quant à la position future de la Grande-Bretagne, le Livre Blanc déclarait :

"Le gouvernement de Sa Majesté déclare donc maintenant sans équivoque qu'il ne fait pas partie de sa politique que la Palestine devienne un État juif. Il considère en effet qu'il serait contraire à ses obligations envers le peuple arabe dans le cadre du mandat, ainsi qu'aux assurances données au peuple arabe dans le passé, que la population arabe de Palestine devienne les sujets d'un État juif contre sa volonté. La colère des Juifs ne connaît aucune limite. La nouvelle politique britannique sur le sujet signifiait la défaite de leurs plans soigneusement élaborés et ils n'avaient pas l'intention de laisser la controverse se terminer avec le Livre blanc. Ils déclenchèrent une campagne mondiale d'injures contre le gouvernement britannique, complétée par du matériel de propagande déformant complètement les faits. Concluant finalement que la Grande-Bretagne, en tant que mandataire, ne leur permettrait jamais de créer un État juif en Palestine, les Juifs se sont lancés dans une campagne de violence pour pousser les

Britanniques à répudier leur Livre blanc ou à céder le mandat aux Nations unies."

La Hagana organisée par les sionistes sur le modèle d'une armée régulière est mobilisée et tenue prête à frapper. Deux groupes terroristes, l'Irgun Zvei Leumi et le Gang Stern se déchaînent contre les autorités du mandat britannique et le peuple de Palestine. Les terroristes, suivant les traditions de leurs frères khazars de Pologne et de Russie, assassinent, bombardent et pillent. (Olivia Maria O'Grady)

CHAPITRE 18

Les sionistes s'emparent de la Palestine

Sans aller plus loin, nous avons maintenant l'histoire de l'incursion des sionistes en Palestine, qui a été à l'origine de trois guerres, d'innombrables actes de terrorisme et de troubles, d'une absence totale de paix qui a frappé la Palestine et le Moyen-Orient et qui continuera à le faire jusqu'à ce que les droits de toutes les parties soient reconnus avec la justice pour tous. Malheureusement, l'erreur de la Société des Nations a été perpétuée par une création tout aussi bâtarde, les Nations unies.

Le 8 juillet 1919, le président Wilson ayant exécuté les ordres du colonel House qui les avait reçus des Rothschild rentre chez lui.

Si Wilson s'attendait à être reçu comme un héros conquérant, il s'est lourdement trompé. Une indication du fait que Wilson était sous le contrôle de personnalités étrangères peut être déduite du fait qu'il n'avait pas emmené un seul membre de la législature avec lui à Paris, ni même un membre de son propre parti démocrate.

Ses conseillers étaient pour la plupart des banquiers juifs de Wall Street et des socialistes internationaux également juifs. L'un des aspects les plus étranges de son voyage à Paris est que lui et son entourage ont accepté des cadeaux de bijoux d'une valeur de plus d'un million de dollars de la part d'un certain nombre de bienfaiteurs non gouvernementaux.

La tempête politique qui s'abattit sur le président lorsqu'il présenta son projet de gouvernement mondial unique au Sénat des États-Unis ne ressemblait à rien de ce qu'il avait connu auparavant. Très probablement influencé par l'"attitude" dominatrice à l'égard de l'Allemagne qui a régi les débats à Paris, Wilson a exigé que le Sénat ratifie le traité exactement tel qu'il était présenté, sans aucun changement substantiel et sans débat. Il s'agissait d'une évolution étonnante de la politique américaine, qui n'avait jamais été tentée auparavant. C'était tout ou rien, basé uniquement sur les sessions secrètes à huis clos tenues à Paris. (La délégation allemande est restée à l'hôtel pendant une semaine et n'y a pas participé). Wilson n'était pas sans soutien pour son attitude dictatoriale qui venait d'un membre américain de la Fabian Society, le professeur Shotwell, qui a plus ou moins dit au Sénat de se dépêcher de ratifier le traité.

Shotwell était un membre éminent du gouvernement secret parallèle de haut niveau des États-Unis, le Council on Foreign Relations (CFR). Le sénateur Robert Owen, qui avait été nommé rapporteur de la loi sur la Réserve fédérale spécialement créée en 1919, présidait désormais la commission chargée du rapport au Sénat sur le traité de la Société des Nations.

D'autres personnes ont soutenu le traité de Wilson, notamment Eugene Delano, Thomas J. Lamont et Jacob Schiff. Lamont a longtemps été un sympathisant socialiste-communiste de la Fabian society, et Schiff a plus tard aidé à financer la guerre russo-japonaise de 1904-1905, et la révolution bolchevique en Russie. Tous étaient liés ou affiliés aux Rothschild.

Plus particulièrement, Schiff était un banquier de Wall Street, qui a commencé sa carrière dans la banque avec le soutien financier des Rothschild, dont il était la création.

Le 19 mars 1920, le traité de Versailles est soumis au Sénat pour ratification, mais de fortes objections se développent dès le début. Les demandes de Wilson pour que le traité soit adopté "tel quel" ont provoqué la colère de nombreux sénateurs qui ont proposé un certain nombre d'amendements et de réserves, que Wilson a refusé d'accepter sur les conseils du colonel House agissant pour le compte des Rothschild. Le 19 novembre, le Sénat a rejeté le traité de Versailles avec et sans réserve, y voyant de grands dangers pour la souveraineté de la Constitution des

États-Unis et une tentative d'usurpation de ses pouvoirs. Le vote fut de 49-35.

Pour une fois, le colonel House et les Rothschild étaient du côté des perdants. Wilson fait alors une chose extraordinaire : il met son veto à la résolution commune du Congrès déclarant la fin de la guerre avec l'Allemagne ! À ce stade, il est nécessaire de revenir sur nos pas : À l'approche de la Première Guerre mondiale et de la tentative de Wilson d'y impliquer l'Amérique, des voix furieuses se sont élevées contre Wilson et son administration.

En fait, 87% du peuple américain est opposé à la guerre, mais ne peut l'emporter sur les socialistes internationaux et leurs banquiers internationaux. Le *Chicago Tribune* s'oppose catégoriquement et de manière cinglante à l'entrée de l'Amérique et déclare que "Brandeis dirige la Maison-Blanche par téléphone secret". Cyrus D. Eaton a déclaré :

> L'Amérique s'est déshonorée en entrant dans la guerre mondiale, alors que plus tard (1925), le capitaine H. Spencer, dans son livre *Democracy or Shylockcracy*, [4] citait un télégramme dans lequel Sir William Wisemen, le contrôleur britannique du MI6 du président Wilson, disait : "Brandeis a appelé Rothschild." Le juge Dembitz Brandeis était sans aucun doute sous le contrôle des Rothschild. Longtemps après le refus du Sénat américain de ratifier le Traité de Versailles, des voix fortes d'anti-américanisme se faisaient encore entendre.

Par exemple, Paul Hymens, ancien ministre belge des Affaires étrangères, a déclaré :

> "L'Amérique a refusé de ratifier le traité et a considéré comme illégitime l'homme qui est allé en Europe pour agir en son nom."
> (*The New York Evening Post*, 16 juillet 1925)

---

[4] *Démocratie ou usurocratie,* Shylock étant le nom du juif usurier dans *Le marchand de Venise* de Shakespeare, NDT.

Ce n'était pas une nouveauté dans la mesure où le caractère du président Wilson était concerné. Alors qu'il mobilisait toutes les forces politiques qu'il connaissait pour faire entrer les États-Unis dans la Première Guerre mondiale sous la pression intense des Rothschild via le colonel House, Wilson avait grossièrement et violemment violé la Constitution des États-Unis en faisant adopter au forceps par le Congrès américain une loi prévoyant l'envoi de la milice des États pour combattre en France.

Cela reste, à mon avis, l'une des pires violations de la Constitution des États-Unis dans l'histoire américaine ; parce que Wilson l'a fait contre la Constitution, sachant précisément quelle faute grave il commettait au mépris de son serment d'office.

Mais, avant de fournir les détails du crime horrible de Wilson contre le peuple américain, en laissant de côté les crimes contre les Arabes et les Palestiniens, je voudrais donner quelques faits jusqu'ici inconnus sur l'homme qui était le contrôleur et l'alter ego de Wilson, le colonel Mandel House, simplement parce que cet homme mystérieux et sinistre a joué un si grand rôle dans l'histoire des États-Unis depuis les coulisses, plus le fait qu'il était un ami intime des Rothschild.

Edward Mandel House était le fils de Thomas William et d'Elizabeth (née Shearn). House a immigré aux États-Unis en 1837 et s'est installé au Texas où il s'est impliqué dans l'industrie du coton et s'est lancé dans la banque pour et au nom des Rothschild.

House, l'aîné, a toujours agi comme l'agent de confiance des Rothschild. Edward a fait ses études à Cornell et est devenu conseiller du gouverneur du Texas sans occuper de poste officiel, une carrière qui a été reproduite dans l'administration Wilson.

L'État du Texas a fait du jeune House un colonel honoraire, un titre auquel il s'est accroché tout au long de son extraordinaire carrière. Rien n'indique pourquoi l'État du Texas a accordé ses faveurs à Edward House.

Au début de l'année 1900, les Rothschild envoient House en

Europe pour apprendre comment les banquiers contrôlent la politique et les politiciens. À son retour en Amérique, House devient le phare de la politique démocrate et c'est lui qui choisit Woodrow Wilson comme candidat du parti démocrate à la présidence.

House a été en grande partie responsable du succès de Wilson à gagner les élections, puis a développé ses politiques, en particulier la politique étrangère. Certaines véritables autorités en la matière pensent que House était l'intermédiaire des ordres des Rothschild pour la création des banques du système de la Réserve fédérale, bien que la Constitution des États-Unis interdise toute création de banque centrale pour contrôler la monnaie du pays.

On peut donc affirmer sans risque de se tromper que House a présidé à vingt-cinq années fatidiques qui ont changé à jamais le visage des États-Unis et ont conduit à un gouvernement fédéral sans foi ni loi qui a détruit en quelques années ce que les Pères fondateurs et la génération suivante avaient mis presque deux cents ans à construire.

Wilson a été le premier président des États-Unis à assumer le statut de facto d'empereur de ce qui allait devenir l'empire des États-Unis d'Amérique, la force motrice et le chef de file d'un nouvel ordre mondial au sein d'un gouvernement international socialiste unique.

CHAPITRE 19

Les Rothschild établissent une banque centrale en Amérique

De profonds changements ont eu lieu en Europe sous la tutelle de la dynastie Rothschild, dont les plus importants sont peut-être :

* L'ascension de Napoléon Ier comme agent choisi par les Rothschild pour renverser les monarques d'Europe ;

* La chute de la dynastie Romanov et la destruction de la Russie chrétienne aux mains des communistes bolcheviques ;

* La guerre anglo-boer de génocide, une guerre très importante au tournant du 19ème siècle et qui a été en partie passée sous silence.

Je crois que ces changements les plus profonds n'auraient pas pu et n'auraient pas eu lieu sans la main directrice de la dynastie Rothschild et l'engagement de ses vastes ressources financières à cette fin.

Avant d'aborder les événements qui se sont déroulés dans la Russie pré-bolchévique, j'aborderai l'histoire de ce qui a donné lieu à l'intervention des Rothschild en Afrique du Sud pour sécuriser les plus grands champs d'or et de diamants du monde, ce qui a abouti à la guerre anglo-boer de 1899-1903.

Dans les années 1830, les fermiers du Cap (connus sous le nom de Boers) se sont déplacés vers le vaste arrière-pays inhabité dans ce qui est devenu le Grand Trek. Ils étaient irrités par l'ingérence britannique dans leur vie, en particulier par la libération des esclaves. Ils ont surmonté de grandes difficultés en parcourant des milliers de kilomètres dans des chariots à bœufs, souvent sur des montagnes accidentées, et se sont installés sur les terres arides de ce qui allait devenir les républiques de l'État libre d'Orange et du Transvaal.

Lorsque d'énormes découvertes de diamants et d'or ont été faites, les terres arides ont immédiatement été convoitées par les Rothschild qui ont envoyé un agent en la personne de Cecil John Rhodes afin d'en réclamer la possession et le contrôle en leur nom. En 1898, Rhodes, l'agent des Rothschild en Afrique du Sud, demande à Lord Rothschild de racheter les intérêts français dans les mines de diamants, ouvrant ainsi la voie à un contrôle total par les Rothschild.

Le gouvernement britannique a "annexé" une zone de l'État libre d'Orange connue sous le nom de Griqualand West (l'emplacement des découvertes de diamants) et trois ans plus tard, il a annexé le Transvaal, bien que dans les deux cas, il n'ait eu aucun droit légal ou légitime sur le territoire, une tactique qu'il allait réutiliser en Palestine en 1917. (Cf. La déclaration Balfour)

Cecil Rhodes était le principal instigateur de la guerre des Boers. Les fabuleux champs aurifères aux riches filons, qui s'étendaient sur 200 miles d'est en ouest, étaient un butin étincelant que les Rothschild étaient déterminés à acquérir. Les frictions avec la Grande-Bretagne sont devenues endémiques, les Boers refusant de reconnaître les revendications bidon de la reine Victoria sur l'État libre d'Orange et les républiques du Transvaal.

Le raid mené par 600 hommes armés sous les ordres de Starr Jameson dans le but de renverser le gouvernement boer du président Paul Kruger fut une provocation évidente.

C'était un prélude à la guerre anglo-boer, qui a éclaté en 1899, après l'échec des machinations de Rhodes pour atteindre les objectifs souhaités par le gouvernement britannique de s'emparer des champs d'or et de diamants.

Les Boers étaient issus de souches hollandaise, irlandaise, écossaise, anglaise et allemande. Ils avaient émigré vers la pointe la plus méridionale de l'Afrique, connue sous le nom de "Cap", où les Hollandais, puis les Britanniques, avaient établi une station de ravitaillement en carburant, en nourriture et en eau douce pour leurs navires faisant le commerce entre l'Extrême-Orient et l'Europe. À l'endroit connu plus tard sous le nom de Cape Town, une communauté indépendante prospère s'est établie sous la domination néerlandaise.

À cette époque, il n'y avait pas de Noirs (Bantous) en Afrique au sud du fleuve Zambèze, dans le vaste arrière-pays vide situé entre le Cap et le fleuve Zambèze au nord. Seuls quelques "Hottentots" nomades — un peuple non bantou de type mongol — vivaient le long de la côte du Cap, gagnant une vie précaire en fouillant les plages et en faisant les ordures. Ils sont rapidement devenus des travailleurs dans les jardins potagers de la Compagnie néerlandaise des Indes orientales. Mais les Britanniques ont envahi la colonie du Cap et ont mis en place leur propre administration sous la direction de la British East India Corporation (BEIC), une société de commerce d'opium basée à Londres.

De ce début peu prometteur est née une communauté prospère et animée dans laquelle les Néerlandais étaient intégrés. Après l'invasion britannique, la BEIC de Londres a commencé à s'ingérer sérieusement dans les affaires internes de la communauté néerlandaise.

Les Hollandais, que l'on appelait les "Boers" (fermiers), ont alors commencé à organiser un plan pour quitter le Cap et ont "trekked" (voyagé) dans les vastes plaines inhabitées du nord. Après ce long voyage, les Boers sont arrivés et se sont installés dans les terres inhabitées qu'ils ont nommées République de l'État libre d'Orange et République du Transvaal. Je tiens à souligner que les milliers de kilomètres carrés de terres traversées par les Boers étaient dépourvus des races bantoues qui vivaient au nord du Zambèze. Contrairement à l'histoire populaire, les Boers n'ont pas enlevé le Transvaal et l'État libre d'Orange aux Bantous.

La découverte du gisement d'or le plus riche jamais connu a fait entrer Rhodes en scène et, à partir de ce moment, la reine Victoria a commencé à affirmer sa revendication infondée sur les nouvelles républiques. La guerre était inévitable après que Victoria eut rejeté les propositions de paix du croyant Paul Kruger.

La reine Victoria était déterminée à entrer en guerre, et en 1899 le gouvernement britannique envoie les premiers contingents de troupes qui, en 1901, atteindront l'effectif stupéfiant de 400 000 hommes, ceci pour venir à bout d'une force de guérilla qui n'a jamais compté plus de 80 000 hommes sur le terrain à un moment donné, dont beaucoup n'avaient pas plus de quatorze ans et étaient âgés de soixante-quinze ans.

La lutte épique des Boers devrait servir de modèle à tous les pays menacés par les grands gouvernements tyranniques. Pendant près de trois ans, les fermiers-soldats ont combattu et vaincu la fierté de l'armée britannique.

Les Boers n'ont accepté de mettre fin aux combats qu'après la mort de 27 000 de leurs femmes et enfants dans des camps de concentration inhumains mis en place par Lord Kitchener et Alfred Milner, un serviteur des Rothschild. Après avoir vu leur bétail abattu, leurs fermes brûlées et leurs femmes et enfants mourir par milliers à cause de la politique génocidaire de Lord Milner, les guerriers boers ont été contraints de revenir des champs et de déposer les armes.

Tout au long de la lutte, Rhodes a tenu ses maîtres, les Rothschild, pleinement informés et a exécuté leurs instructions à la lettre. Aujourd'hui, N.M. Rothschild contrôle toujours le commerce de l'or depuis Londres. Rhodes opérait à une époque où l'Empire britannique était la force politique, économique et militaire la plus puissante du monde, mais les Boers n'avaient pas peur de s'attaquer à l'Empire dans une guerre qu'ils savaient ne pas pouvoir gagner, mais qu'ils ont menée avec un courage, une détermination et une bravoure étonnants.

L'Empire britannique était comme les empires perse, assyrien, babylonien et romain, construit sur deux piliers : le dépouillement des biens de leurs "dominions" et l'utilisation de l'esclavage virtuel des habitants pour accomplir cette tâche.

Les familles "nobles" d'Angleterre remontent à la noblesse noire vénitienne et génoise et aux grandes familles bancaires de ces villes-états. Elles étaient les maîtres de la propagande et n'ont pas perdu la main, ce qui a été leur arme la plus efficace lors de la guerre des Boers et des Première et Seconde Guerres mondiales. Derrière le gouvernement se trouvaient les familles bancaires, dont les banques Rothschild étaient les plus puissantes et les plus influentes. Certains historiens ont maintenu la croyance que la fortune qu'ils ont reçue de l'Afrique du Sud a "enrichi les Rothschild".

C'est une assertion avec laquelle je ne suis pas d'accord. Les Rothschild étaient riches au-delà de toute conception, bien avant que leur agent, Cecil John Rhodes, un maître de la tromperie et de la ruse, un homme qui détestait le christianisme, ne fasse des trésors d'or et de diamants de l'Afrique du Sud le monopole des Rothschild. D'après les documents et les papiers que j'ai étudiés au British Museum de Londres, il est clair que peu avant la mort de Mayer Amschel, sa fortune dépassait la fortune combinée des hommes les plus riches du monde.

L'étendue totale de la fortune des Rothschild n'a jamais été révélée, mais ce que l'on sait, c'est qu'elle a augmenté à un rythme astronomique.

Amschel connaissait le pouvoir de l'argent et, comme le vieux John D. Rockefeller qui a adopté sa philosophie du secret, Mayer savait que le secret est primordial pour réussir. Sa conviction religieuse selon laquelle les Juifs sont le peuple élu de Dieu n'a jamais faibli, et il a affiché sa conviction en toute occasion, publique ou privée. Pour donner une idée de la richesse des Rothschild, je fournis ce qui suit :

> Son fils Lionel était l'ami et le conseiller du Prince Consort et de Disraeli, dont Sidonia dans l'ouvrage *Coningsby* est un portrait idéalisé (à peine déguisé) de lui...
>
> Il a fait adopter le projet de loi sur les handicaps qui permettait aux Juifs d'occuper des postes en Angleterre. Il a avancé au gouvernement britannique l'argent pour le prêt de la famine

irlandaise (environ 40 000 000 $) et aussi pour la guerre de Crimée (environ 80 000 000 $) et pendant vingt-quatre ans, il a agi comme agent pour le gouvernement russe.

Il a eu une part importante dans le financement réussi de la dette nationale des États-Unis, a fourni les fonds pour l'achat immédiat des actions du canal de Suez ; il a également été actif pour faciliter le paiement de l'indemnité française à l'Allemagne ; pour diriger les finances de l'Empire autrichien et le prêt égyptien de 8 500 000 livres (environ 40 000 000$). (*L'encyclopédie juive,* vol. 10, pages 501-502)

La fortune de Jacob (James) Rothschild, qui était indépendante de celle de Lionel ou de tout autre membre de la famille, a été estimée par les historiens à 200 milliards de dollars au moment de sa mort selon l'auteur Armstrong qui a écrit :

> "Mais ce n'était qu'une estimation, car aucun inventaire de sa succession n'a été déposé."

Cela était bien sûr conforme à l'un des principes énoncés par Amschel que le secret devait être maintenu. Par-dessus tout, les Rothschild ont toujours été impliqués dans le financement des guerres.

Hymym Solomon (également connu sous le nom de Haïm) a participé au financement de la Révolution américaine. Seligman Brothers et Speyer and Company ont financé le Nord et Messrs Erlanger le Sud pendant la guerre civile. Plus récemment, dans le grand développement du financement des chemins de fer, la société Kuhn, Loeb and Company a joué un rôle de premier plan.

Bien qu'il ne le dise pas avec autant de mots, il est clair pour quiconque connaît un tant soit peu les banques de l'époque que les Rothschild ont financé le Nord et le Sud par le biais d'hommes et de banques de façade. Il y a eu diverses estimations de la richesse des Rothschild, et l'un de ceux qui savaient peut-être mieux que d'autres, le comte Cherep-Spiridovich, a estimé qu'ils ont gagné 100 milliards de dollars rien qu'avec la Première Guerre mondiale.

L'historien John Reeves, dans *The Rothschilds : Financial Controllers of Nations* (*Les Rothschild : contrôleurs financiers des nations*) donne un bon aperçu des réalisations des Rothschild :

Mayer n'aurait pas pu prévoir que ses fils en viendraient, dans les années qui suivraient, à exercer une influence si illimitée que la paix des nations dépendrait de leur signe de tête ; que le contrôle puissant qu'ils exerçaient sur les marchés monétaires européens leur permettrait de se poser en arbitres de la paix et de la guerre, puisqu'ils pouvaient, à leur gré, fournir ou refuser les moyens pécuniaires nécessaires pour mener une campagne militaire.

Mais, aussi incroyable que cela puisse paraître, c'est ce que leur vaste influence, combinée à leur énorme richesse et à leur crédit illimité, leur a permis de faire, car il n'existait aucune entreprise assez forte pour s'opposer à eux pendant un certain temps, ou assez téméraire pour entreprendre une affaire que les Rothschild avaient refusée.

Une brève note d'explication : Il est arrivé que les Rothschild refusent une offre, bien qu'elle soit saine, simplement pour punir une nation ou une société particulière pour un méfait, imaginaire ou réel. Si d'autres banquiers avaient accepté ce que les Rothschild rejetaient, leur punition aurait été rapide.

CHAPITRE 20

La constitution des États-Unis piétinée par des législateurs corrompus à la solde des Rothschild

Je me suis souvent posé la question :

> "Comment les États-Unis, avec leur Constitution, la plus haute loi du pays, qui interdit une banque centrale, en sont venus à être dotés d'une telle institution, en violation totale de la Constitution ?"

Pour répondre à cette question, il faudrait des milliers de pages d'explications, mais dans le bref exposé qui suit, je vais essayer de donner un indice sur la façon dont les banques de la Réserve fédérale ont été imposées au peuple américain.

En premier lieu, la Federal Reserve Bank n'est pas "fédérale" puisqu'elle est détenue par des actionnaires anonymes et non par le gouvernement des États-Unis. En clair, c'est une banque privée qui se fait passer pour une institution du gouvernement fédéral.

En tant que telle, elle n'est pas responsable devant le peuple américain, en témoigne le fait qu'elle n'a jamais été auditée par des auditeurs du gouvernement, comme l'exige la loi si elle était une banque d'État. Le grand Louis T. McFadden, président de la commission bancaire de la Chambre des représentants, a déclaré un jour à la Chambre des représentants :

> "... Le système bancaire de la Réserve fédérale est la plus grande escroquerie de l'histoire, une fraude envers le peuple américain."

Le vendredi 10 juin 1932, lors d'un débat à la Chambre des

représentants sur la Banque de la Réserve fédérale, le courageux McFadden a déclaré :

"Monsieur le Président, nous avons dans ce pays l'une des institutions les plus corrompues que le monde ait jamais connues. Je fais référence au Conseil de la Réserve fédérale et aux banques de la Réserve fédérale. Le Conseil de la Réserve fédérale, un conseil d'administration du gouvernement, a escroqué le gouvernement des États-Unis et le peuple des États-Unis de suffisamment d'argent pour payer la dette nationale. Les déprédations et les iniquités du Conseil de la Réserve fédérale et des banques de la Réserve fédérale agissant ensemble ont coûté à ce pays suffisamment d'argent pour payer la dette nationale plusieurs fois.

Cette institution maléfique a appauvri et ruiné le peuple des États-Unis, s'est ruinée elle-même et a pratiquement ruiné notre gouvernement. Elle l'a fait à cause des défauts de la loi sous laquelle elle opère, à cause de la mauvaise administration de cette loi par le Conseil de la Réserve Fédérale, et à cause des pratiques corrompues des riches vautours qui la contrôlent. Certaines personnes pensent que les banques de la Réserve fédérale sont des institutions du gouvernement des États-Unis. Ce ne sont pas des institutions gouvernementales. Ce sont des monopoles de crédit privés, qui s'attaquent au peuple des États-Unis pour leur propre bénéfice et celui de leurs clients étrangers ; des spéculateurs et des escrocs étrangers et nationaux ; et des prêteurs d'argent richissimes et prédateurs. Dans ce sombre équipage de pirates financiers, il y a ceux qui couperaient la gorge d'un homme pour obtenir un dollar de sa poche…

Les 12 monopoles de crédit privés ont été imposés à ce pays de manière trompeuse et déloyale par des banquiers venus d'Europe et qui ont remercié notre hospitalité en sapant nos institutions américaines. Ces banquiers ont retiré de l'argent de ce pays pour financer une guerre contre la Russie. Ils ont créé un règne de terreur en Russie avec notre argent… Ils ont financé les réunions de masse de mécontentement et de rébellion de Trotsky à New York. Ils ont payé le passage de Trotsky de New York à la Russie pour qu'il puisse aider à la destruction de l'Empire russe. Ils ont fomenté et incité la révolution russe et ont mis à la disposition de Trotsky un grand fonds de dollars américains dans une de leurs banques en Suède. Il a été dit que le président

Wilson a été trompé par les attentions de ces banquiers et par les poses philanthropiques qu'ils ont adoptées. On a dit que lorsqu'il a découvert la manière dont il avait été trompé par le colonel House, il s'est retourné contre ce fouineur, ce "saint moine" de l'empire financier, et lui a montré la porte. Il a eu l'élégance de le faire, et à mon avis, il mérite un grand crédit pour cela.

En 1912, la National Monetary Association, sous la présidence de feu le sénateur Nelson Aldrich, a fait un rapport et a présenté un projet de loi vicieux appelé National Reserve Association bill. On parle généralement de ce projet de loi comme du projet de loi Aldrich.

Il était l'instrument, mais non le complice, des banquiers d'origine européenne qui, depuis près de 20 ans, complotaient pour créer une banque centrale dans ce pays et qui, en 1912, avaient dépensé et continuaient à dépenser d'énormes sommes d'argent pour atteindre leur but.

... Sous la tutelle de ces sinistres personnages de Wall Street qui se tenaient derrière le colonel House, a été établie ici, dans notre pays libre, l'institution monarchique vermoulue de la "banque du roi" pour nous contrôler du haut en bas, et nous enchaîner du berceau à la tombe. La loi sur la réserve fédérale a détruit notre ancienne et caractéristique façon de faire des affaires...

Il a imposé à ce pays la tyrannie même dont les auteurs de la Constitution ont cherché à nous sauver.

Le danger contre lequel le pays a été mis en garde est arrivé et se manifeste dans la longue série d'horreurs qui accompagnent les affaires du Conseil de la Réserve fédérale et des banques de la Réserve fédérale, qui sont traîtres et malhonnêtes... Le projet de loi Aldrich a été créé par des banquiers d'origine européenne à New York. C'était une copie et en général une traduction de la Reichsbank et d'autres banques centrales européennes."
(Notamment la Banque d'Angleterre)

(Extrait des archives de la Chambre des représentants, discours du député Louis T. McFadden)

Le jeudi 15 juin 1933, McFadden est allé se battre une fois de plus contre l'imposition d'une banque centrale à l'Amérique, en violation flagrante de la Constitution des États-Unis. S'exprimant devant la Chambre des représentants, McFadden se plaint des banquiers étrangers qui s'emparent de l'argent et du crédit du peuple américain, et il se concentre sur Jacob Schiff, qui, selon lui, est un agent des Rothschild :

> Il s'en est également pris à M. Mayer, qui est le beau-frère de M. George Blumenthal, membre de la société J. P. Morgan et Cie, qui, si j'ai bien compris, représente les intérêts des Rothschild... Je veux qu'il soit parfaitement clair qu'en plaçant M. Mayer à la tête du système de la Réserve fédérale, vous la remettez entièrement à ce groupe financier international.

Comment les États-Unis ont-ils été contraints à l'esclavage du système de la Federal Reserve Bank ? La réponse est vraiment très simple :

Cela s'est fait grâce à la puissance financière des Rothschild et à un groupe de traîtres à la Chambre et au Sénat des États-Unis prêts à vendre leur âme en échange d'une vie d'opulence et de facilité. On trouve de tels hommes dans tous les pays, et il n'y a aucun moyen de se prémunir contre leur traîtrise. Leurs actes infâmes continuent de récolter une moisson amère. Pour avoir osé révéler la vérité sur la façon dont August Belmont est entré aux États-Unis dans le seul but de prendre le contrôle de politiciens qui permettraient d'imposer le contrôle de la monnaie et du crédit des États-Unis par les Rothschild, McFadden a été assassiné.

Il y a eu trois tentatives d'assassinat, une par balle qui n'a pas abouti, et deux tentatives d'empoisonnement, dont la dernière a tué ce grand et courageux Américain. Ses meurtriers n'ont jamais été retrouvés et justice doit toujours être rendue.

C'est ainsi qu'un grand patriote chrétien américain a été réduit au silence, qu'un acte criminel inqualifiable a été commis et que l'esclavage financier a été imposé au peuple américain. Aussi longtemps que les représentants élus du peuple à la Chambre et au Sénat des États-Unis respecteront leur serment, de préserver et de protéger l'Amérique des ravages des banquiers internationaux qui mènent l'assaut du socialisme international contre la Constitution, les bienfaits de la liberté seront ceux du peuple américain.

Mais lorsque nos représentants s'inclinent devant le pouvoir monétaire des banquiers internationaux et se prostituent sur l'autel du pouvoir monétaire des Rothschild, l'heure est venue pour nous, le peuple, de perdre notre liberté et les droits garantis par la Constitution.

Le Federal Reserve Act a été un coup de massue contre la Constitution, un autre clou dans le cercueil d'un peuple américain autrefois libre. Le Federal Reserve Act était une progression sur une route qui se terminera par la destruction totale de la Constitution. Un des serviteurs des Rothschild, Lord Bryce, a dit qu'il faudrait cinquante ans pour détruire la forme républicaine de gouvernement garantie au peuple américain par sa Constitution. Lord Bryce a prédit que :

> La sécurité fournie par la protection de la Constitution disparaîtra comme les brumes du matin.

Il s'agit du même Lord Bryce qui, par le biais de faux témoignages, a publié des mensonges éhontés sur les atrocités commises par les Allemands en Belgique, ce qui a entraîné les États-Unis dans la Première Guerre mondiale.

Après avoir pris le contrôle des principales banques d'Europe et être devenus les prêteurs de premier recours de tous les gouvernements du continent et d'Angleterre, les Rothschild ont ensuite pris le contrôle de la Banque d'Angleterre. Afin de cacher ce fait, il a été décrété que les noms des actionnaires de la banque ne devaient jamais être rendus publics :

> Ce pouvoir a permis l'établissement de l'étalon-or, d'abord dans l'Empire britannique, puis dans d'autres pays comme indiqué. Ils ont acquis une participation majoritaire dans la Banque d'Angleterre, dont feu Lord Rothschild était l'agent et le gouverneur de l'or.
>
> La Banque d'Angleterre est l'une de leurs nombreuses façades. Il ne fait aucun doute qu'ils détiennent une participation majoritaire dans la plupart des autres banques centrales d'émission. Dans le strict respect du secret qui a été l'un des principes cardinaux des dirigeants Rothschild depuis le tout début, la Banque d'Angleterre refuse de révéler ses actionnaires.

> Ils [les Rothschild] ont envoyé un de leurs agents, Paul Warburg, comme représentant en Amérique, juste avant la Première Guerre mondiale, pour changer nos systèmes bancaires.
>
> Par le biais de leur propriété et de leur contrôle de J. P. Morgan and Co. et de Kuhn, Loeb and Co., des banques privées, ils possédaient et contrôlaient les principales banques nationales et sociétés de fiducie de New York, et par leur intermédiaire, ils contrôlaient le système fédéral de New York... Il est essentiel, pour contrôler à volonté l'expansion et la contraction du crédit, qu'il y ait une autorité suprême ayant le pouvoir d'augmenter ou de diminuer à volonté le volume d'argent en circulation.

Avant le régime des Rothschild, ce pouvoir appartenait aux rois et aux empereurs du monde, car ils étaient alors l'autorité suprême. Dans notre pays (les États-Unis), notre Constitution nationale a conféré ce pouvoir (uniquement) au Congrès des États-Unis... Sous l'influence des Rothschild, les systèmes bancaires du monde entier ont tous été radicalement modifiés. Le pouvoir suprême d'émettre de l'argent, ainsi que d'accorder des crédits, a été transféré par les différents gouvernements aux banquiers de leurs pays respectifs. La Banque d'Angleterre est devenue le modèle des autres banques centrales du monde. Au moment de l'établissement du Système de la Réserve Fédérale, notre gouvernement était le seul de quelque importance qui prétendait même exercer son droit souverain d'émettre et de contrôler le volume de la monnaie en circulation. L'établissement du Système de la Réserve Fédérale a entraîné un abandon complet à la fraternité bancaire du pouvoir souverain du peuple américain de réglementer les valeurs par l'intermédiaire de ses représentants au Congrès, tel qu'il lui est garanti par sa Constitution nationale.

La panique de 1907 était, comme toutes nos autres paniques, une panique manipulée. Elle a été provoquée par le refus de la banque de réserve de New York de payer des devises aux déposants des banques de campagne, ce qui a obligé ces banques à refuser de payer leurs déposants en devises. Elle était donc due principalement à une quantité insuffisante de monnaie en circulation et à une méthode inadéquate pour augmenter l'offre.

En pleine campagne pour la réforme de notre système bancaire et monétaire (afin d'empêcher de nouvelles manipulations susceptibles de provoquer une panique), Paul Warburg, un juif allemand, a quitté Francfort-sur-le-Main, le lieu d'origine des Rothschild, pour venir en Amérique. À son arrivée ici, il était à l'époque membre de Kuhn, Loeb and Company à New York, la branche américaine des Rothschild.

Voici un rapport des services secrets de la marine sur lui en décembre 1918 :

> "Warburg, Paul, New York City, allemand ; a été naturalisé américain en 1911, a été décoré par le Kaiser ; a été vice-président de la Réserve fédérale des États-Unis, est un banquier riche et influent ; a géré de grosses sommes d'argent fournies par l'Allemagne pour Lénine et Trotsky ; le sujet a un frère qui est à la tête du système d'espionnage de l'Allemagne."

Le Système de la Réserve Fédérale est le produit des Rothschild et son adoption a été obtenue par la même manière souterraine et trompeuse qu'ils utilisent toujours pour atteindre leurs objectifs. Il est évident que Paul Warburg est venu en Amérique pour réformer notre système bancaire et monétaire et il est évident que lui et les Rothschild ont alors anticipé la guerre mondiale [la Première Guerre mondiale 1914-1918] bien qu'elle ne se soit produite que trois ans plus tard.

C'est l'histoire sordide du plus grand désastre qui ait jamais frappé le peuple américain. Nous avons alors cédé à Jéroboam Rothschild et à ses successeurs, la domination complète sur notre bien-être et notre bonheur. Avant cela, une grande influence était exercée par ses banques Morgan et Cie, et Kuhn, Loeb et Cie, et leurs filiales, mais maintenant son autorité est suprême et illimitée. Cette reddition a perfectionné son contrôle sur l'économie de tous les peuples du monde.

(Emmanuel Josephson, *Rothschild Money Trust*, pages 36, 40, 41, 132 134 et 1600)

CHAPITRE 21

Les Rothschild contrecarrent la constitution américaine

Ce qui est si étonnant dans le détournement audacieux du crédit et de la masse monétaire des États-Unis par les Rothschild, c'est qu'il a été accompli en dépit des dispositions rigoureuses de la Constitution des États-Unis qui interdisent la création d'une banque centrale.

Les paroles de Jésus-Christ à sa crucifixion nous rappellent qu'il a dit : "Père, pardonne-leur, car ils ne savent pas ce qu'ils font." Cette prière de pardon était pour et au nom des soldats romains, et non pour le Sanhédrin, qui avait exigé son exécution.

C'est ce que nous disons de ces membres du Congrès américain qui ignoraient ce qui se faisait, ne comprenaient pas la gigantesque escroquerie dont ils étaient victimes et pire encore, ignoraient la Constitution qu'ils avaient juré de respecter :

"Père, pardonne-leur, car ils ne savent pas ce qu'ils ont fait."

Mais pour les traîtres, les trompeurs, les menteurs et les traîtres qui savaient ce qu'ils faisaient, je dis que la mort par pendaison pour trahison, telle que suggérée par les auteurs de la Constitution, aurait été un sort bien trop clément pour eux.

Certains spécialistes de l'époque se sont demandés pourquoi la loi sur la réserve fédérale a été présentée au moment où elle l'a été.

Deux raisons me viennent à l'esprit. Avec un président socialiste docile à la Maison-Blanche, les architectes de la Réserve fédérale savaient que la guerre était imminente. Il était donc essentiel que la banque centrale soit opérationnelle avant le début des hostilités.

L'histoire ultérieure a montré que la loi sur la réserve fédérale a été adoptée à temps pour que la guerre à venir ait lieu. Sans le financement massif fourni par les États-Unis, il y a tout lieu de croire que la Première Guerre mondiale n'aurait pas éclaté.

La deuxième raison est, bien sûr, la plus évidente : Le contrôle total des banques et des finances des États-Unis.

L'adoption de la loi illégale et inconstitutionnelle sur la Réserve fédérale a permis aux Rothschild, par le biais de la trahison de Wilson, d'entraîner les États-Unis dans la Première Guerre mondiale, qui a entraîné la mort de millions de jeunes hommes chrétiens, la fleur des nations européennes et américaines, et a coûté aux États-Unis des milliards de dollars.

Les traîtres n'ont jamais été punis et l'Amérique souffre encore aujourd'hui des effets de cette terrible guerre et de celle qui a suivi, ainsi que de la mainmise des Rothschild sur une Amérique prétendument "libre", dont ils continuent à tirer des profits obscènes.

Toute liberté réelle pour le peuple américain a pris fin le jour où les Rothschild ont pris le contrôle de la monnaie, du crédit et de l'économie de l'Amérique en créant les banques de la Réserve fédérale. Quand on considère le pouvoir des Rothschild d'avoir pu établir leur système bancaire au cœur de la République américaine, on se souvient du verset suivant : De quelle viande se nourrit notre César pour être devenu si grand ?

C'est l'histoire de cette "viande" que j'ai essayé de raconter dans cet ouvrage et qui, peut-être, éclaircira un peu le mystère de la façon dont Wilson et Roosevelt ont pu imposer leurs volontés au peuple américain, alors qu'ils avaient encore sous les yeux l'exemple choquant de la trahison commise par le président Woodrow Wilson.

Il ne peut y avoir qu'une seule réponse quant à la source de ce pouvoir : les agents de Rothschild en Amérique qui souhaitaient et cherchaient activement l'entrée des États-Unis dans la Seconde

Guerre mondiale. Le livre *Propaganda in the Next War* (*La propagande dans la prochaine guerre*), écrit par le capitaine Liddell Hart, jette une bonne dose de lumière sur la façon dont, pour la deuxième fois, le peuple américain a été entraîné dans une guerre en Europe alors que la grande majorité d'entre eux y étaient totalement opposés, mais malheureusement, le livre semble être indisponible. L'auteur Armstrong a dit :

> Apparemment, il s'agit d'un livre semi-officiel du gouvernement britannique. La destruction de ces copies du livre se fit probablement sur ordre du Secrétaire de la Guerre, le juif Hoar-Belisha...

> L'établissement d'une patrie juive n'était pas un enjeu de la guerre mondiale ni du traité de paix avec l'Allemagne.

> Les Arabes étaient nos alliés et ils ont combattu côte à côte avec les soldats des alliés. C'était un vol indéfendable perpétré de sang-froid à l'initiative des "Anciens", Lloyd George, Woodrow Wilson et Georges Clemenceau. (*Rothschild Money Trust*, pages 65, 79)

> Le pire est que l'établissement de cette "patrie juive" a été une trahison de sang-froid envers le gouvernement et le peuple arabes. Les Arabes affirment qu'ils ont été incités à entrer en guerre aux côtés des Alliés par la promesse que ce que l'on appelle la déclaration Balfour serait annulée et que les Arabes ne seraient pas molestés dans la propriété et la possession pacifiques de leur pays.

> Cette affirmation n'est pas niée par le gouvernement britannique, mais l'excuse est que Woodrow Wilson a insisté pour que les Juifs obtiennent ce foyer national et que Lloyd George a consenti par manœuvre politique et afin d'obtenir d'autres choses dans le traité de paix qu'il souhaitait. La Palestine est maintenant appelée à juste titre la "terre deux fois promise". Il est probable que l'Allemagne l'ait également promise en contrepartie de l'accord russe. (*Rothschild Money Trust*, page 70)

L'un des effets secondaires les moins remarqués de la Première Guerre mondiale et du traité de paix qui s'en est suivi a été la démonétisation de l'argent, qui a toujours occupé une place importante dans les systèmes monétaires du monde entier depuis l'Antiquité. L'argent est un métal noble, mais il n'est pas considéré comme ayant la même valeur que l'or par les Rothschild, bien qu'il ait toujours constitué une bonne défense contre l'inflation.

Ni l'argent, ni les pièces d'or, ni les scripts/certificats ne peuvent être gonflés. C'est très probablement dans cet esprit que les Rothschild ont déployé des efforts considérables pour démonétiser l'argent et se débarrasser de la monnaie véritable ayant une valeur intrinsèque dans les systèmes monétaires du monde. Je ne me propose pas de donner une histoire de la Banque d'Angleterre dans ce livre, si ce n'est d'y faire référence de temps en temps.

La Banque d'Angleterre était et est toujours le modèle de toutes les "banques à réserves fractionnaires", y compris l'illicite Federal Reserve Bank des États-Unis. Sa charte originale a été modifiée huit fois jusqu'en 1844, et il ne fait aucun doute que les Rothschild ont eu beaucoup à voir avec les derniers amendements, en particulier l'amendement Peel, qui a apporté des changements radicaux qui ont grandement favorisé les banques des Rothschild.

L'amendement Peel a été adopté en 1844 et son effet immédiat a été de démonétiser l'argent, qui avait jusqu'alors circulé comme monnaie dans tous les pays, voire toutes les nations, depuis des temps immémoriaux, en tant que véritable monnaie.

Cela a été fait parce que les Rothschild voulaient que leurs dettes de guerre soient remboursées en or, un fait qui est devenu évident lorsqu'ils ont refusé d'accepter le paiement des dettes de la guerre civile en argent et ont exigé du gouvernement des États-Unis que les dettes soient payées exclusivement en or. Il ne fait aucun doute que l'amendement Peel prévoyait de telles choses et qu'il a été adopté spécifiquement pour jeter les bases de ce qui allait suivre. L'amendement a également conféré aux Britanniques un monopole sur l'or, car ils détenaient l'or volé aux Boers d'Afrique du Sud en 1899-1902.

Incidemment, c'est Peel qui avait fait passer à la Chambre le projet de loi sur l'antisémitisme, qui permettait à un Juif de se présenter à des fonctions publiques pour la première fois dans la longue histoire de l'Angleterre. Mais au milieu de la lutte contre une forte opposition, Peel tomba de son cheval lors d'une promenade et mourut de ses blessures. Il était un cavalier accompli, ce qui rend l'accident d'autant plus étrange. Cela laissait Disraeli comme principal protagoniste du projet de loi. Le premier discours de Disraeli à la Chambre des communes, le 7 décembre 1847, en tant que chef du parti, avait été noyé par ses opposants, menés par l'Irlandais redouté, Daniel O'Connell.

Les auteurs de la loi sur l'antisémitisme étaient Sir Moses Montefiore, apparenté par mariage aux Rothschild, et l'un des deux shérifs de la ville de Londres. Bien que juif, Montefiore pouvait occuper cette haute fonction, car la Chambre des Lords n'avait aucune juridiction ni aucun contrôle sur la Cité de Londres.

Montefiore était venu à la Chambre pour recevoir la permission d'écouter le débat.

Le projet de loi a été présenté non pas directement, mais sous le nom qu'on lui a donné, un projet de loi visant à supprimer les restrictions de toutes les confessions, ce que les Rothschild ont toujours fait, en qualifiant une telle approche de "vent latéral".

Cette mesure visait à mettre fin à une pratique de longue date, selon laquelle les Juifs ne pouvaient pas devenir magistrats, enseignants ou entrer au Parlement ; ils ne pouvaient pas voter s'ils refusaient de prêter le serment chrétien et ne pouvaient pas pratiquer le droit.

Lionel de Rothschild avait refusé de prêter le serment chrétien, et bien qu'il ait été élu à la Chambre des Lords, il n'a pas pu prendre son siège en raison de son opposition obstinée à la prestation du serment chrétien.

Le "projet de loi sur les Juifs", comme l'appelaient les conservateurs, n'allait pas disparaître, même après onze ans d'opposition de la part de députés tels que Lord Derby, Lord

Bentinck et Sir Robert Inglis, qui, lorsqu'on lui demandait pourquoi les Juifs devaient être exclus du Parlement, déclarait :

> "Les Juifs sont des étrangers ici, et n'ont aucune prétention à devenir des citoyens, sauf en se conformant à notre loi morale, qui est l'Évangile."

Les Tories de la Chambre des Lords étaient fermement opposés au "projet de loi sur les Juifs", comme l'appelait Lord George Bentinck, qui l'expliquait à chaque fois que le projet de loi revenait pendant onze ans. Il faut reconnaître la ténacité des Rothschild, lorsqu'ils voulaient quelque chose, ils s'accrochaient avec ténacité jusqu'à ce qu'ils l'obtiennent. Comme Lord Bentinck l'a expliqué :

> Je considère la question juive comme une affaire personnelle, comme je le ferais pour un grand domaine privé ou un projet de divorce. Disraeli soutiendra bien sûr chaleureusement les Juifs, d'abord en raison d'une préposition héréditaire en leur faveur et ensuite parce que lui et les Rothschild sont de grands alliés. (Extrait du rapport Hansard)

Bentinck est retrouvé mort plus tard, apparemment d'une crise cardiaque à l'âge de quarante-six ans. Comme la mort de Peel avant lui, le décès de Bentinck a laissé de nombreuses questions sans réponse, dont les plus pertinentes n'ont jamais été abordées.

Le 20 février 1849, la loi sur l'élimination des incapacités des Juifs est à nouveau examinée en troisième lecture à la Chambre, sous la direction de Disraeli. Dans la tribune est assise Louise de Rothschild, qui observe les débats au nom de Lionel Rothschild. La mesure passe par un vote de 272 contre 206, mais est rejetée par les Lords.

L'année suivante, le 29 juillet 1850, Lionel de Rothschild tente à nouveau de prendre son siège, mais le greffier refuse de le laisser faire et c'est ainsi que naît un nouveau cycle d'activité frénétique caractérisé par des débats cinglants.

Le *Times* qualifie désormais cette mesure de "passe-temps annuel" du Parlement. Après avoir été invalidé en 1849, 1851, 1853, 1856 et 1857, Disraeli tente une nouvelle approche en 1858 en modifiant le libellé du serment, mais les Lords le rejettent à nouveau.

Disraeli riposte en nommant un comité chargé d'étudier les bases de la restauration du nouveau serment et nomme Lionel de Rothschild au sein du comité. Finalement, au milieu de scènes peu glorieuses et de l'opposition d'arrière-garde de Lord Derby, avec une majorité très mince votant en sa faveur, un compromis est trouvé : Chaque Chambre formulerait son propre serment. Dans la somptueuse maison de Lionel de Rothschild, il y avait une grande réjouissance que les "onze années de cris et de hurlements dans tous les coins de la Chambre" soient enfin terminées.

Le 26 juillet 1858, Lionel de Rothschild a prêté serment selon le nouveau serment non chrétien, serrant la main de Disraeli alors qu'il s'apprêtait à le faire, dans une démonstration publique de la gratitude qu'il devait à son protégé, qu'il avait sagement et avec une grande prévoyance, converti au christianisme à un âge tendre, peut-être en prévision du service inestimable qu'il venait de rendre.

CHAPITRE 22

Les Rothschild brisent la maison des lords

Les vannes ont été ouvertes. Lord Rothschild prend place, suivi en succession rapide par David Salomons, Sir Francis Goldsmith, Nathaniel de Rothschild, Frederick Goldsmid et Julian Goldsmid.

Il est intéressant de noter qu'aucun de ces hommes ne représentait le propre parti de Disraeli, le parti conservateur unioniste "parti tory". Mais le principal opposant, le comte Derby, qui perdait maintenant le soutien de son propre parti, a mis ses objections par écrit :

> Sans faire preuve de déloyauté ou de désaffection à l'égard des sujets de Sa Majesté de confession juive, les Lords considèrent que le reniement et le rejet de ce Sauveur, au nom duquel chaque Chambre du Parlement offre quotidiennement ses prières collectives pour la bénédiction divine sur ses Conseils, constituent une inaptitude morale à prendre part à la législation d'une communauté professant la foi chrétienne. (Rapport Hansard)

Les résultats les plus visibles de la loi sur la suppression des restrictions à l'égard des juifs ont été de permettre aux Rothschild et à d'autres grands juifs d'accéder à la Chambre des Lords et de supprimer le serment chrétien tant détesté. Avec l'autre changement, l'amendement Peel à la Banque d'Angleterre, les gens ordinaires, comme d'habitude, n'avaient aucune idée de la façon dont ils étaient embobinés et de ce qu'ils allaient perdre. Les mécréants ont travaillé si habilement que pendant que les victimes se promenaient avec les yeux grands ouverts, mais sans comprendre ce qu'ils voyaient, les Rothschild ont consolidé leur emprise sur les systèmes monétaires mondiaux.

Bien sûr, la tromperie est encore pratiquée aujourd'hui, lorsque les pièces de monnaie américaines sont fabriquées pour ressembler à de l'argent, alors qu'elles n'en contiennent pas du tout. La monnaie américaine pourrait tout aussi bien être faite de plastique, mais cela n'irait pas, car les multitudes pourraient alors se rendre compte de la supercherie après toutes ces années ! Même l'*Encyclopedia Britannica* a cherché à dissimuler la supercherie de l'amendement Peel :

> Il était indispensable, en essayant d'obvier aux défauts inhérents à notre monnaie, de procéder avec prudence, de respecter, autant que possible, les intérêts existants, et d'éviter de prendre des mesures qui pourraient exciter les craintes ou les soupçons du public ; mais les mesures... ont été si habilement conçues qu'elles ont suscité peu d'opposition en même temps qu'elles ont apporté des changements très importants et très bénéfiques... ont été si habilement conçues qu'elles ont suscité peu d'opposition, en même temps qu'elles ont apporté des changements très importants et très bénéfiques. (*Encyclopedia Britannica* Vol. III, page 323)

Par exemple : Quels étaient les "défauts" dont il est question ?

Le principal "défaut" était que, jusqu'à présent, il n'était pas facile de faire la guerre, car il n'y avait jamais assez d'argent pour ces guerres et il fallait trouver de l'argent en levant des impôts supplémentaires. Cela signifiait qu'à un moment donné, même les multitudes endormies deviendraient enragées et se révolteraient contre des impôts trop lourds.

L'autre "défaut" était que le papier-monnaie devait être adossé à des lingots et ce qui était souhaitable, c'était la pleine pratique de l'ancien système babylonien de banque frauduleuse à réserve fractionnaire, ce qui signifie en clair que les banques pouvaient émettre une certaine quantité de papier-monnaie non adossé à des actifs réels tels que l'argent et l'or. Sans ces changements et le flot de papier-monnaie qui a suivi l'amendement Peel et l'établissement des banques de la Réserve fédérale en Amérique, il n'aurait pas été possible de financer et de promouvoir la Première et la Seconde Guerre mondiale. Il n'y avait tout simplement pas d'argent réel pour des guerres aussi coûteuses, et le peuple n'aurait pas accepté de payer des impôts supplémentaires pour financer de telles mésaventures.

En fait, il n'y aurait pas eu de guerre du Golfe, pas d'invasion de l'Irak en 2002, pas de bombardement de la Serbie et pas de guerre contre l'Afghanistan — s'il n'y avait pas eu un approvisionnement abondant de papier-monnaie sans valeur, que l'on appelle des dollars américains. Acceptés comme tels dans le monde entier, ce sont en réalité des morceaux de papier émis par un système bancaire privé, qui ne peuvent être échangés contre de l'or ou de l'argent.

Pourquoi, selon les termes de l'*Encyclopedia Britannica*, était-il nécessaire de "procéder avec prudence" ? S'il s'agissait d'un besoin honnête, pourquoi aurait-on dû faire preuve de prudence dans cette démarche ? Mais l'encyclopédie laisse échapper le mauvais jeu de la tromperie dans les mots "qui pourraient exciter les craintes et les soupçons du public."

De son propre aveu, nous apprenons maintenant qu'il était nécessaire de faire preuve de prudence parce que l'on s'engageait dans une tromperie de base du public et que la tromperie devait être "habilement conçue pour provoquer une faible opposition".

C'est un aveu de tromperie et de fraude flagrante à l'égard du peuple. Les auteurs savaient très bien que le peuple se révolterait s'il l'apprenait, aussi l'amendement Peel a-t-il dû être déguisé en "changements hautement bénéfiques".

Qui étaient les bénéficiaires de ces "changements hautement bénéfiques" ? Une seule partie en a bénéficié, à savoir la dynastie Rothschild et ses banques établies dans le monde entier.

Si cela n'était pas vrai, les "changements hautement bénéfiques" auraient été criés sur les toits de Londres et de toutes les villes du monde. Mais les "changements hautement bénéfiques" étaient pour le bénéfice de l'empire bancaire Rothschild et non pour les peuples des nombreuses nations affectées.

Bien que Sir Robert Peel ait présenté l'amendement à la charte de la banque, son auteur était en fait Lionel Rothschild par l'intermédiaire de son "valet", Benjamin Disraeli, qu'il avait créé et rendu célèbre en tant que Premier ministre de l'Angleterre, de la même manière que les Rothschild ont créé et rendu célèbre Napoléon Ier. L'influence de Lionel Rothschild sur la Banque d'Angleterre n'a jamais faibli depuis qu'il a effrayé la banque pour qu'elle lui donne le contrôle de facto par cette attaque sur ses réserves d'or, comme expliqué précédemment en exigeant que son papier soit échangé contre son or.

Il convient de rappeler que le 4 août 1847, alors que l'éligibilité de Disraeli à un siège au Parlement était mince comme du papier, parce qu'il ne pouvait pas prétendre à la propriété par crainte de ses nombreux créanciers, et la propriété étant une qualification nécessaire, c'est le baron Mayer de Rothschild, le haut shérif du comté dans lequel la ville d'Aylesbury était située, qui a certifié que Disraeli était un candidat qualifié et l'a ensuite déclaré dûment élu, après qu'un autre candidat, un certain John Gibbs, ait été persuadé de se retirer de l'élection.

Mais les spectateurs n'ont pas bien pris le résultat. Percevant Disraeli comme un intrus, il est accueilli par des sifflets et du chahut. Il convient également de mentionner que, alors que Disraeli se trouvait dans une situation financière très difficile qui aurait pu et aurait dû affecter gravement sa carrière au Parlement, c'est Lionel de Rothschild qui a racheté ses dettes et les a acquittées. L'affaire est mentionnée dans *Disraeli* par Weintraub, page 401 :

> Par l'intermédiaire de Philip Rose et de Lionel de Rothschild, Montague a acquitté toutes les dettes. Le Montague mentionné aurait "proposé de racheter les dettes de Disraeli et de facturer un taux d'intérêt inférieur au taux usuraire". Les critiques ont suggéré que le véritable "acheteur" des dettes de Disraeli était en fait Lionel Rothschild.
>
> Un autre fait indiscutable est qu'en septembre 1848, les Rothschild ont contribué à l'achat de Hughendon, la maison de campagne de Disraeli, par l'intermédiaire d'un homme de paille, le marquis de Titchfield. Comme Disraeli l'a écrit à sa femme

Mary Anne, "Tout est fait ; vous êtes la Dame de Hughendon".

Je mentionne ces faits, car ils semblent confirmer l'affirmation selon laquelle Disraeli était "un simple valet des Rothschild".

Une étude des méthodes utilisées par les Rothschild pour mettre fin à la tromperie de l'amendement Peel montre qu'ils ont utilisé exactement la même méthode pour mettre fin à l'escroquerie des banques de la Réserve fédérale sur le peuple américain. Dans les deux cas, l'auteur et le bénéficiaire du complot avaient une seule et même origine : la dynastie Rothschild.

La catastrophe de 1840 a été mise en scène et gérée par les Rothschild afin de préparer le terrain pour l'amendement crucial de 1844 qui devait être si bénéfique pour eux, car il mettait fin à l'influence restrictive de la monnaie en argent métal et des certificats d'argent.

Les Rothschild ont mis en scène la panique de 1907 qui a ouvert la voie à la version américaine de l'amendement Peel, les banques de la Réserve fédérale, trompeuses et carrément anticonstitutionnelles, dont le projet de loi a été piloté au Sénat par leurs nombreux agents en place, notamment le sénateur William Aldrich. L'amendement Peel et la loi sur la Réserve fédérale sont les jumeaux d'un même parent, les Rothschild, qui ont utilisé leurs hommes de façade et leurs serviteurs pour dissimuler les véritables auteurs de ces infâmes mesures fiscales et monétaires de tromperie.

Comment les Rothschild ont-ils pu accomplir le double succès qui a placé le joug de l'esclavage autour du cou des gens ordinaires ? Ils l'ont fait en possédant et en contrôlant les dirigeants des deux partis politiques du Parlement britannique et les dirigeants politiques des deux partis de la Chambre des représentants et du Sénat des États-Unis. Depuis lors, rien n'a changé.

Le statu quo reste en place. Ces deux mesures donnent aux Rothschild le contrôle total des politiques monétaires et fiscales de l'Empire britannique et le contrôle monétaire et fiscal total des États-Unis, multipliant ainsi non seulement la richesse des

Rothschild, mais aussi leur pouvoir de dicter des politiques aux gouvernements britannique et américain, faisant d'eux "les seigneurs et maîtres incontestés des marchés monétaires du monde".

Disraeli n'a pas dit que les Rothschild avaient atteint une maîtrise complète de la politique étrangère et intérieure des gouvernements du monde, mais il n'était guère nécessaire de l'énoncer, car cela est devenu évident à la Conférence de paix de Paris.

Sur les instructions de leurs maîtres Rothschild, le président Wilson et le Premier ministre George organisent deux comités qui sont appelés le "Comité financier" et la "Section économique". Les agents Rothschild Baruch et Thomas Lamont, un associé de J. P. Morgan and Co. sont nommés au Comité financier.

Le résultat final net des délibérations et des décisions des deux comités a rendu presque impossible pour la Grande-Bretagne et la France de rembourser leurs dettes de guerre aux États-Unis, plus que probablement avec l'intention qu'elles soient "annulées", ce qu'elles ont été, dans l'abus le plus flagrant de la Constitution américaine.

Il n'y avait et il n'y a toujours aucune disposition dans la Constitution des États-Unis qui permette des prêts et des cadeaux aux puissances étrangères, et encore moins que les dettes soient effacées. Mais pour les Rothschild, c'était juste un autre obstacle à surmonter, et les États-Unis ont effacé des milliards de dollars de dettes dues par les Alliés.

L'intention était très clairement que les dettes dues aux Rothschild seraient remboursées et c'était la ligne de fond généralement admise par les gouvernements occidentaux. Malheureusement, les agents des Rothschild au sein du gouvernement américain ont suivi le plan qui a volé au peuple américain des milliards et des milliards de dollars et enrichi les Rothschild avec des montants similaires, ceci, dans la violation la plus flagrante de la loi la plus élevée des États-Unis, la

Constitution.

Dans son sillage, le mépris flagrant de la Constitution a entraîné le renforcement du socialisme international qui a engendré pauvreté et souffrance, avec des révolutions qui ont conduit à la montée du communisme.

Qui était ce Disraeli, un homme qui a eu un effet si profond sur l'histoire de l'Angleterre ? Comment a-t-il accédé à sa position de pouvoir ?

Benjamin Disraeli (1804-1881), qui a reçu le titre de Lord Beaconsfield à la fin de sa vie, a été la première personne d'origine juive à devenir Premier ministre d'Angleterre.

Une étude des documents du British Museum montre que Disraeli a dû son ascension à la gloire et au pouvoir uniquement à Lionel Rothschild. Lorsqu'il a été découvert par Lionel, Disraeli était dans un état de pauvreté désespérée, mais il a quand même réussi à se hisser au pouvoir et à la gloire parce que Lionel Rothschild a trouvé en lui un serviteur utile.

Bismarck, une autre des "créations" de Rothschild, a déclaré que Disraeli était à l'origine du plan visant à faire tomber les États-Unis par une guerre civile.

La guerre civile américaine a été le fratricide le plus insensé de toute l'histoire du monde, et a coûté la vie à près de 800 000 hommes. C'est une guerre qui n'aurait jamais dû avoir lieu, et qui n'aurait jamais eu lieu sans la "main cachée" des Rothschild et de leur agent, Disraeli, sur l'âme duquel le sang des morts de la guerre civile doit reposer à jamais.

> Lionel Rothschild devient le mentor et le guide de Benjamin. Dès les années de formation du jeune Disraeli, Lionel prend les choses en main et conduit son protégé d'un succès à l'autre.
>
> Disraeli était à Lionel ce que Weishaupt était à Amschel ; Gambetta à James Rothschild III, ce que Poincaré était à Alphonse Rothschild IV et à Édouard Rothschild V, ou comme était Kerensky (Kirbis) à E. Rothschild V... Disraeli était le cheval de Troie glissé dans les classes supérieures de la Grande-Bretagne, ouvrant le passage à l'infiltration d'une vingtaine de

Juifs comme futurs Lords et ministres. Maintenant ils la gouvernent entièrement. (*Prévenons la Seconde Guerre mondiale*. Comte Cherep-Spiridovich)

Selon l'ouvrage *Life and Death of Disraeli* de Buckle,

> "aucune carrière dans l'histoire anglaise n'est plus merveilleuse que celle de Disraeli et aucune n'a été jusqu'à présent entourée d'un plus grand mystère."

Mais pour Thomas Carlyle, le grand essayiste et historien anglais, Disraeli était un "aventurier et un superbe prestidigitateur hébraïque". Carlyle a écrit un ouvrage remarquable sur la Révolution française et ses conférences sur les héros, qui ont été très applaudies, font de lui un meilleur juge de Disraeli que *L'Histoire de la civilisation en Angleterre* de Buckle. Le professeur William Langer fait également un travail plus réaliste en évaluant la valeur de Disraeli, mais aucun de ces historiens ne dit quoi que ce soit sur son mentor et contrôleur, Lionel Rothschild. Cherep-Spiridovich est le moins charitable de tous envers Disraeli :

> La politique de Disraeli consistait principalement en sa haine de la Russie... Pris en main par Lionel, Disraeli revêt désormais un mépris triomphant, celui qui serait digne d'un Méphistophélès. Comme il était d'une pâleur éclatante, avec des yeux clignotants et des cheveux noirs, il adopta un manteau de velours noir doublé de satin blanc, des gants blancs, des franges pendantes de soie noire, un bâton d'ivoire blanc avec des glands noirs.
>
> Tout cela était diablement combiné afin de faire une plus forte impression sur les vieilles dames influentes. Et grâce à elles, Benjamin a appris à Londres tous les secrets nécessaires à son mécène, Lionel, avec l'argent duquel Disraeli a accédé aux plus hautes sphères.

Sarah Bradford, dans son livre *Disraeli*, déclare aux pages 60 et 186 que Disraeli avait "de forts sentiments sionistes, qu'il exprimait en privé". Bradford mentionne plusieurs autres éléments significatifs en ce qui concerne le parrainage de Disraeli par les Rothschild :

> ils connaissaient sa femme Mary Anne avant le mariage,

racontant comment les dames Rothschild sont devenues de plus en plus intimes avec elle. (Page 187)

Disraeli était souvent reçu au domicile d'Anthony de Rothschild et était "considéré comme faisant partie de la famille". (Page 386)

Weintraub, l'auteur de *Disraeli*, raconte à quel point Lionel était proche de Disraeli (page 243) et comment lui-même "considérait Lionel comme son meilleur ami." Il le voyait plus que quiconque à Londres et n'avait jamais besoin d'une invitation à dîner. Après la mort de sa femme Mary Anne, Disraeli a pratiquement vécu dans la maison de Lionel. (Pages 243 et 611) Anthony de Rothschild était le meilleur et le plus gentil hôte du monde. (Page 651)

Weintraub mentionne qu'Alfred de Rothschild était extrêmement généreux envers Disraeli. Il ne fait aucun doute que Disraeli et les Rothschild entretenaient une amitié extraordinairement étroite, allant bien au-delà de ce que l'on pourrait comprendre au sens normal du terme.

CHAPITRE 23

Le substitut de Rothschild a financé l'attaque contre la Russie

J'ai indiqué plus tôt dans cet ouvrage que j'expliquerais en détail l'implication des Rothschild dans la guerre entre le Japon et la Russie en 1904-1905. À cette époque, le gouvernement du Japon pensait qu'il recevait un coup de main de Jacob Schiff qui travaillait dans les coulisses pour fomenter des tensions entre la Russie et le Japon, mais qu'est-ce qui se cachait réellement derrière le prêt que Schiff a accordé aux Japonais ?

Les Rothschild avaient besoin du Japon dans leur quête pour déstabiliser la Russie. Leur haine de la famille Romanov était sans limites. L'attaque de la flotte japonaise sur Port Arthur a préparé le terrain pour la révolution bolchévique qui devait suivre en temps voulu. Comme Lionel Rothschild l'a fait remarquer un jour,

> "il n'y a pas eu d'amitié entre la Cour de Saint-Pétersbourg et ma famille".

La guerre russo-japonaise débute le 8 février 1904. Les communistes jubilent en voyant dans cette attaque une chance de porter un coup au gouvernement. Des journaux russes comme *Novoye Vremyo* accusent les Juifs sionistes d'aider secrètement le Japon. Ils avaient raison, car Jacob Schiff a joué un rôle déterminant dans l'octroi de plusieurs prêts en faveur du Japon.

Schiff est lié aux Rothschild par sa naissance à Francfort le 10 janvier 1847. Son père était connu des Rothschild. Lorsqu'il atteint l'âge adulte, Jacob devient courtier pour la banque

Rothschild à Francfort. Au cours de l'année 1865, les Rothschild l'ont envoyé à New York pour se mettre en relation avec la société Frank et Gans. Sous les instructions des Rothschild, il crée sa propre maison de courtage Budge, Schiff and Co. en 1867. Le partenariat a duré environ six ans et a été dissous en 1873, date à laquelle Schiff est parti en Europe.

Après avoir fait le tour des entreprises bancaires allemandes en 1873, il est retourné aux États-Unis en 1875 et est devenu membre de l'entreprise bancaire Kuhn, Loeb and Co., une "façade" bien connue des intérêts bancaires des Rothschild en Amérique. Schiff détestait la Russie et voyait dans une guerre russo-japonaise la possibilité de porter un coup aux Tsars et peut-être de mettre fin à leur règne sur la Russie.

Sur son ordre exprès, Kuhn, Loeb and Co. a émis les trois grands emprunts de guerre japonais en 1904 et 1905. En remerciement, il a reçu le deuxième ordre du Trésor sacré du Japon. Après la défaite décisive de la flotte russe à Port Arthur, le décor était planté pour les graves troubles qui allaient suivre en Russie :

- 28 juillet 1904 : assassinat de Viacheslav von Plehve, le ministre compétent de l'Intérieur.
- Le 22 août 1904, des émeutes juives éclatent à Kiev, Rovno et Volhnia, et se poursuivent jusqu'en octobre.
- 22 janvier 1905 Dimanche sanglant dirigé par le "Père" Giorgi Gapon, un agent de Rothschild.
- 2-30 octobre 1905 Une grève générale à laquelle tout le pays s'est joint
- 22 décembre-1er janvier 1905-06 Insurrection des travailleurs à Moscou
- 2 mai 1906 Le renvoi du comte Witte, reconnu par les historiens comme le début de la fin du règne des Romanov

Le meurtre de von Plehve avait été prédit dans un poème juif circulant en février 1904, adressé à "Haman". Facilement identifiable comme étant le ministre de l'Intérieur, on pouvait y lire que le "nouvel Haman" allait bientôt mourir. Le matin du 28 juillet 1904, un terroriste du nom de Sazonov a lancé une bombe sur von Plehve alors qu'il se tenait sur la place devant le dépôt de Varsovie à Saint-Pétersbourg.

Juste avant l'éclatement de la révolution bolchevique, Schiff a donné 20 millions de dollars à Lénine pour servir la cause bolchevique. Il n'est pas étonnant que le pape Léon XIII ait écrit dans sa lettre apostolique du 19 mars 1902, *Parvenu à la Vingt-cinquième Année* :

> Incluant la plupart des nations dans son immense emprise, elle s'unit à d'autres sectes dont l'inspiration réelle et les puissances motrices cachées. Elle attire d'abord et retient ensuite ses associés par l'appât des avantages matériels qu'elle leur assure. Elle soumet les gouvernements à sa volonté, tantôt par des promesses, tantôt par des menaces. Il s'est introduit dans toutes les classes de la société et forme un pouvoir invisible et irresponsable, un gouvernement indépendant, comme s'il faisait partie du corps social de l'État légal.

Et le Dr Gérard Encausse dans le numéro de *Mysteria* d'avril 1914 déclare :

> Parallèlement à la politique internationale de chaque État, il existe certaines organisations obscures de politique internationale... Les hommes qui participent à ces conseils ne sont pas des politiciens professionnels ou des ambassadeurs brillamment vêtus, mais certains hommes inconnus, de grands financiers, qui sont supérieurs aux vains politiciens éphémères qui s'imaginent qu'ils gouvernent le monde.

Avant d'être retourné en faveur des conspirateurs, Winston Churchill a fait une remarque sur les événements en Russie :

> Les esprits dirigeants d'une secte redoutable, la secte la plus redoutable du monde, et avec ces esprits autour de lui, se sont mis au travail avec une capacité démoniaque pour mettre en pièces toutes les institutions dont dépendait l'État russe. La Russie a été mise à terre. La Russie devait être mise à terre. Elle est à présent couchée dans la poussière.

Churchill faisait référence à la fureur diabolique de Lénine et de Trotsky, à la terreur et à la destruction qu'ils ont fait régner sur la Russie chrétienne. (*Discours à la Chambre des Communes* le 5 novembre 1919)

Lénine n'était qu'un autre valet des Rothschild envoyé pour exécuter leurs ordres. Leur haine pour les Romanov ne connaissait aucune limite.

Ce qui rendait les Rothschild furieux, c'était la tentative du Tsar de former un Saint Empire qui reconnaîtrait le Christ comme son chef. Il existe plusieurs sources venant confirmer cet antagonisme : L'ouvrage de l'auteur juif A. Rappaport, *The Curse of the Romanov's*, le récit du professeur William Langer, John Spencer Bassett dans *The Lost Fruits of Waterloo* et des documents dans les papiers privés de Lord Milner.

La Sainte-Alliance était considérée comme une Ligue chrétienne des nations, de l'Autriche, de la Prusse et de la Russie, avec l'espoir que la Grande-Bretagne et la France et toutes les nations d'Europe s'y joindraient. Les nations devaient prêter un serment d'allégeance au

> "seul et unique vrai souverain, à qui seul appartient tout pouvoir de droit divin, à savoir Dieu, notre Divin Sauveur, Jésus-Christ."

La figure de proue de cette alliance espérée était le tsar Alexandre Ier, qui a tout fait pour qu'elle devienne réalité. Les Rothschild ont immédiatement exprimé leur opposition à cette alliance.

Le professeur Langer la définit ainsi, ce qui, à mon avis, est un compte rendu partial :

> Le 26 septembre 1815, la Sainte-Alliance, un document rédigé par le tsar Alexandre Ier, signé par l'empereur François Ier et par Frédéric Guillaume III et finalement par tous les souverains européens, à l'exception du prince régent de Grande-Bretagne, du pape et du sultan de Turquie. Il s'agissait d'une déclaration inoffensive de principes chrétiens, qui devaient guider les souverains dans leurs relations avec leurs sujets et entre eux.
>
> Ces principes vagues et sans exception étaient probablement conçus par le tsar comme une simple préface à une forme d'organisation internationale selon les recommandations de l'abbé de Saint-Pierre, un siècle plus tôt.
>
> L'importance du document ne réside pas dans ses termes, mais

dans sa confusion ultérieure dans l'esprit du public avec la Quadruple Alliance et plus particulièrement, avec la politique réactionnaire des trois puissances orientales qui étaient considérées comme liées par un pacte dirigé contre les libertés du peuple, camouflé en religion.

En premier lieu, elle n'était pas "camouflée en religion". C'est l'interprétation qui en a été faite par les Rothschild, qui ont fait tout ce qu'ils pouvaient pour empêcher la Grande-Bretagne de signer le document.

En France, les Rothschild ont contribué à obtenir la "séparation de l'Église et de l'État" pour aider à dissoudre la Sainte-Alliance. Le livre de Rappaport explique à ce sujet :

> Le rétablissement de la paix en Europe a donné au tsar Alexandre Ier une grande satisfaction. Alexandre dirigea son attention sur l'irréligiosité des nations comme source des maux. Il conçoit l'idée de faire renaître la ferveur religieuse chez les peuples et de rétablir ainsi un régime patriarcal, la pureté de la vie familiale, l'obéissance à la loi et à l'autorité. Mais les gouvernants doivent donner l'exemple et servir de modèle à leurs sujets.
>
> Les souverains d'Europe doivent accomplir leurs missions de souverains d'empires et de royaumes dans l'esprit du fondateur du christianisme, qui doit être le lien unissant les souverains à leurs peuples et entre eux.
>
> (*Curse of the Romanov's*, page 336)

Apparemment, la Sainte-Alliance était en désaccord avec les plans des Rothschild si l'on tient compte des écrits du comte Cherep-Spiridovich, qui estime qu'à partir de ce moment, en 1815, les Rothschild ont scellé le destin de la Russie et de la famille Romanov. Le Cardinal Manning a déclaré :

> Une association a été formée dans le but exprès de déraciner toutes les religions des nations et de renverser tous les gouvernements d'Europe.

Le cardinal pensait que la première victime était la France lors de la Révolution française et que la Russie était sa deuxième victime. Il existe des preuves que Disraeli n'a pas dit la vérité sur la Russie. Ce sont les Rothschild qui ont fomenté la révolution bolchevique et l'ont financée par l'intermédiaire de leurs façades bancaires new-yorkaises de Jacob Schiff et J. P. Morgan, et à Londres par Lord Alfred Milner. C'est un fait que Schiff a donné à Trotsky 20 millions de dollars pour lui faciliter la tâche de renverser la Russie chrétienne.

L'histoire des Rothschild montre qu'ils n'ont pas hésité à dépenser une partie de leur immense fortune pour atteindre des objectifs politiques. En cela, ils ont obtenu des succès étonnants.

Le fait que les Rothschild détenaient et exerçaient un pouvoir étonnant sur les nations et les gouvernements est attesté par les faits suivants :

> Le Kaiser devait consulter les Rothschild pour savoir s'il pouvait déclarer la guerre. Un autre Rothschild a porté tout le poids du conflit qui a renversé Napoléon. (*The Patriot*, Dr Stuart Holden, 11 juin 1925)

> La révolte en Géorgie (Caucase) a été mise en scène par les Rothschild. (*Humanité*, septembre 1924, magazine juif)

> Les Rothschild peuvent déclencher ou empêcher des guerres. Leur parole peut faire ou défaire des empires. (*Chicago Evening newspaper*, 3 décembre 1923)

> Alphonse Rothschild consent à payer toute l'indemnité de la France à l'Allemagne, si la France l'élit roi. (Journal d'un Officier d'Ordonnance par le Comte d'Hemson)

> Lors du dernier conseil décisif du Cabinet britannique, le 3 juillet 1914, M. Lloyd George invite Lord Rothschild à assister au débat. Le Premier ministre a joué son jeu démoniaque au nom des Rothschild, dont il a toujours été et reste le simple instrument. Si l'Angleterre avait honnêtement déclaré qu'elle se tiendrait aux côtés de la Russie et de la France, il n'y aurait pas eu de guerre, car le Kaiser ne l'aurait jamais permis, nonobstant les dix Juifs qui l'entouraient de près : Bethman-Hollwig-Rothschild, Rathenau, Ballin et Dembury. (*Histoire non révélée*, Comte Cherep-Spiridovich)

> Les Rothschild ont été la colonne vertébrale de tous les événements politiques et financiers depuis 1770. Leur nom

devrait être mentionné sur chaque page de l'histoire de chaque pays. Les auteurs, enseignants, conférenciers et politiciens qui n'en parlent pas doivent être considérés comme des dupes, des hypocrites ou des ignorants criminels. (*Histoire non révélée*, Comte Tcherep-Spiridovitch)

La plupart des archives contenant des détails sur les Rothschild ont été volontairement brûlées à Paris pendant la Commune de 1871, dont Rothschild était le principal financier. (*La Libre Parole*, 27 mai 1905)

En février 1817, les francs-maçons, Bublikoff et d'autres, tous valets des Rothschild, se rendent en Russie et arrêtent les trains de restauration rapide qui vont à Petrograd, afin de provoquer la révolte du peuple. (*Histoire non révélée*, Comte Cherep-Spiridovich)

Le 15 février 1911, Schiff and Co. exhorte le président Taft à ne pas renouveler le traité commercial de 1832 avec la Russie. Lorsqu'il a refusé, Schiff a refusé de lui serrer la main en disant "cela signifie la guerre". Les meurtres de Luschinsky et du Premier ministre Stolypin et la guerre mondiale ont suivi. (*Vers les catastrophes ; dangers et remèdes*, Comte Cherep-Spiridovich)

Les Rothschild ont fréquenté des rois, des princes et des potentats, ils ont amassé d'énormes fortunes et des titres, des seigneurs et des barons, des "Sir" et des "Lady" et ont reçu d'innombrables honneurs. Ils ont voulu oublier leurs débuts et leur fondateur qui a rendu tout cela possible en détournant la "manne" dont il avait été chargé par le Landgrave de Hesse-Cassel.

- ➢ Mayer Amschel   1743—1812
- ➢ Anselm Mayer   1773 - 1855
- ➢ Salomon   1774 - 1855
- ➢ Nathan   1777 — 1836
- ➢ Karl   1788 — 1855
- ➢ Jacob James   1792 — 1868

CHAPITRE 24

Quelques opinions sur les Rothschild, leur rôle dans la guerre, la révolution et les intrigues financières

Ce chapitre est constitué d'opinions et avis de divers auteurs et autorités qui ne peuvent être commodément incluses dans le corps du livre, car elles sont quelque peu déconnectées.

Néanmoins, à mon avis, ils sont importants, car ils fournissent une base pour les écrits des historiens et des chercheurs qui ont été presque solidement unis à la conviction que les Rothschild étaient l'une des plus grandes forces en jeu aux 18ème et 19ème siècles, et qui le sont, selon toute probabilité, encore plus, aujourd'hui.

> La Première Guerre mondiale a rapporté à Édouard Rothschild plus de 100 milliards de dollars. (Comte Cherep-Spiridovich)
>
> Cette puissante révolution qui se prépare en ce moment en Allemagne et dont on sait encore si peu de choses se développe entièrement sous les auspices des Juifs, qui monopolisent presque toutes les chaires professionnelles d'Allemagne. (*Coningsby*, Disraeli, page 250, écrivant sur les événements de 1844-1848)
>
> Les historiens s'accordent à dire qu'il voulait parler des Rothschild. Pratiquement toutes les guerres et révolutions ont ensuite été financées par les Rothschild. (Disraeli dans *Coningsby*, pages 218-219)
>
> La Société des Nations est une idée juive. Nous l'avons créée après une lutte de 25 ans. (Nathan Sokolow, dirigeants sionistes

au Congrès de Carlsbad, 27 août 1932)

La Société des Nations est entièrement dirigée par des Juifs : Paul Hymans, Sir Eric Drummond, Paul Mantaux, Major Abraham, Mme N. Spiller, Le "valet" juif, Albert Thomas qui a aidé avec des millions français à introniser les bolcheviks en Russie, est "chef de la section du travail. Il reçoit un salaire fabuleux." (*Le Péril Juif La Règle d'Israël chez les Anglo Saxons*, B. Grasset, Peres, France)

Encore une fois, cela semble faire référence aux Rothschild et je prends la peine de souligner que dans la plupart des cas, "Juifs" peut être substitué à "Rothschild".

Le mouvement moderne de révolution sociale remonte au milieu du XVIIIème siècle. Depuis cette époque, il y a eu un flot continu d'agitation subversive, prenant de nombreuses formes, mais essentiellement les mêmes, s'élargissant et s'approfondissant jusqu'à devenir une véritable inondation, qui a submergé la Russie et qui menace d'engloutir notre civilisation. (*The Revolt Against Civilization*, Lothrop Stoddard)

Les grands mouvements révolutionnaires ont commencé entre le milieu et la fin du 18ème siècle, lorsqu'en 1770, Amschel Rothschild devint le gérant du Landgrave de Hesse-Cassel. Amschel a engagé tous les Miliukov, Kerenski, Lénine et autres du 18ème siècle pour commencer leur agitation subversive, tout comme E. Rothschild a engagé ceux du 20ème siècle. (Comte Cherep-Spiridovich)

Les faits d'importance mondiale sont connus de trop peu d'hommes, et nous avons besoin de plus de faits. L'humanité ne peut pas trouver la lumière si elle n'a pas de faits. (Rédacteur en chef du *Chicago Daily News*)

Quelle est cette formidable secte dont parle l'abbé Barruel au XVIIIème siècle et Churchill au XXème ? La réponse peut reposer sur la puissance du christianisme et de la civilisation fondée sur le christianisme. C'était une puissance en dehors de la Russie ; c'était une puissance mondiale et elle était assez forte pour faire tomber la Russie, et aussi, la Maison des Hohenzollern. De quoi s'agit-il ? (*Cause of World Unrest*, Nesta Webster, page 35)

Lloyd George a déclaré qu'il ne croyait pas qu'un homme d'État ou un dirigeant ait causé la guerre. Il faudra peut-être attendre un siècle pour que le monde connaisse toute la vérité. (Sénateur Copeland, Congressional Record)

> La Maison Rothschild avec quelques co-religionnaires conspire pour posséder le monde. (*Le secret des Rothschild*, Mme Mary Hobart)
>
> Le Kaiser a dû consulter Rothschild pour savoir s'il pouvait déclarer la guerre. Un autre Rothschild a porté tout le poids du conflit qui a renversé Napoléon. (*The New York Times*, 22 juillet 1924)
>
> Dans les archives impériales de Berlin, on a trouvé une lettre de Rothschild à Wilhelm II, demandant la guerre. (*La vérité sur les juifs*, Walter Hurt, page 324)
>
> Pour le public, les archives de la famille (les Rothschild) qui pourraient jeter tant de lumière sur l'histoire sont un profond secret, un livre scellé gardé caché. (*The Rothschilds, Financial Rulers of the World*, John Reeves, page 59)
>
> Bismarck, Beaconsfield (Disraeli), la République française, Gambetta, etc., tous semblent former une force insurmontable. Un simple mirage. C'est le Juif seul avec sa Banque qui est leur maître et qui dirige toute l'Europe. Le Juif préférera le VETO et soudainement, Bismarck tombera... Pour les Rothschild, rien n'aurait pu se produire de manière plus propice que le déclenchement de la révolte américaine et de la Révolution française, car les deux leur ont permis de jeter les bases de l'immense richesse qu'ils ont acquise depuis. (*The Rothschilds Financial Rulers of the World*, John Reeves, page 86)
>
> Mme Nesta Webster ne peut échapper à la conclusion que ce sont les financiers internationaux qui fournissent l'argent (pour les révolutions et les guerres.) Ce sont plutôt les financiers juifs qui fournissent les fonds ; ce sont les juifs qui ont été les agents-provocateurs des révolutions des révolutions depuis deux mille ans. Ce sont les juifs qui constituent le conseil intérieur secret des cinq principaux mouvements horribles organisés en action avec lesquels le gouvernement organisé doit composer. (*The New York Times*, 8 mars 1925)
>
> Dans toute l'histoire, personne n'a suscité d'émotions aussi opposées et intenses ni n'a récolté autant l'admiration, la crainte et la haine de l'humanité. (*Napoléon*, Hebert Fisher)

Un homme, Napoléon, né sans aucun avantage de richesse ou de haute descendance, s'est rendu maître du monde avant l'âge de 35 ans et a terminé sa carrière d'impossibilité romantique inégalée à l'âge de 46 ans. (*How Great Was Napoleon?* Sydney Dark)

En conclusion, il est étonnant de constater que les mêmes dirigeants de l'élite mondiale, qui ont le pouvoir de déclencher des guerres pour leur propre bénéfice, peuvent également briser et reléguer dans l'obscurité les dirigeants nationaux autrefois importants qui s'opposent à leurs grands desseins, en particulier leurs plans visant à établir un Nouvel Ordre Mondial au sein d'une structure mondiale dictatoriale. À moins qu'une contre-attaque ne puisse être menée pour s'opposer à ces plans, le monde pourrait très bien être plongé dans l'obscurité d'une dictature brutale d'ici 2025.

Déjà parus

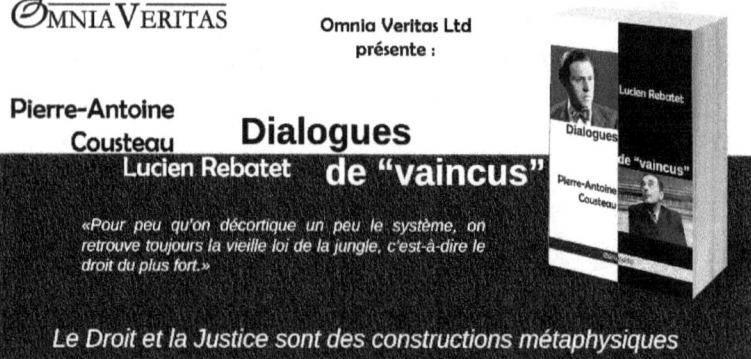

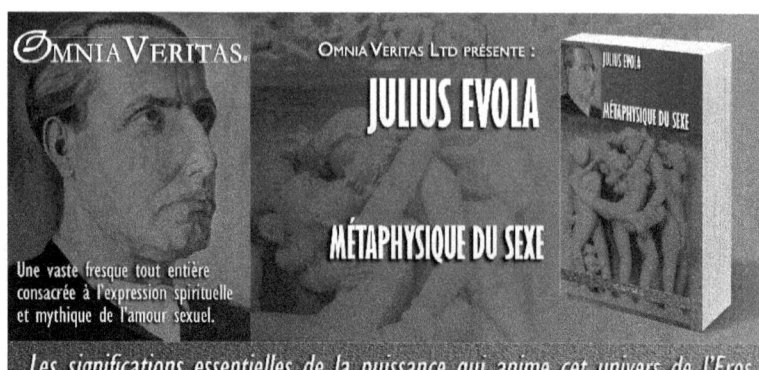

www.ingramcontent.com/pod-product-compliance
Lightning Source LLC
Chambersburg PA
CBHW071419160426
43195CB00013B/1750